JN041818

通常学級における
ADHD 児が
集中できる授業
集中できない授業

― ADHD 児支援の基礎・基本 ―

阿部芳久

はじめに

なぜADHD児の教育をクローズアップするのか

私は、過去にはA市、現在ではB市の教育委員会から依頼され、巡回指導相談員を務めています。また、東北福祉大学特別支援教育研究室において教育相談員を務めています。A市、B市の巡回相談では、発達障害児が在籍している教室を訪問し、授業の参与観察を数多く行ってきました。

児童生徒の下校後、担任教師や特別支援教育コーディネーターと話し合いをします。その場で担任教師から、観察対象となる発達障害児の、指導上困難となる行動について詳細に情報を得て、支援上の助言を行っています。また、東北福祉大学特別支援教育研究室においても、発達障害児の保護者から教育相談を数多く受けています。

私が受ける相談において、以前は発達障害児の中でも自閉症スペクトラム障害児の相談件数が圧倒的に多い状態でした。ところが最近では、自閉症スペクトラム障害児の相談件数が少なくなり、注意欠如・多動性障害のある児童生徒（以下、ＡＤＨＤ児）の相談件数が多くなっています。

自閉症スペクトラム障害児の相談件数が少なくなっているのは、ＴＥＡＣＣＨプログラムという自閉症スペクトラム障害児への効果的な指導方法が学校教育において一般的に行われるようになり、自閉症スペクトラム障害児の教育上の困難があまり問題にならなくなっているからだと推測されます。また、学習障害児に対しても効果的な指導方法や教材が開発されるようになり、「通級による指導」を受けながら、通常学級で比較的安定して授業を受けられるようになってきています。

しかし、ＡＤＨＤ児への教育的対応については、今もって効果的な方法が開発されていません。ＡＤＨＤ児が授業中に立ち歩いたり、落ち着かない行動をとることに対して担任教師はどのように対応をしたらよいか困っており、頭を抱えています。そのため、担任教師は保護者に学級でのＡＤＨＤ児の混乱状況を伝えます。そして、担任教師の話しを聞いて困った保護者は私たちの相談室に来室することが多いのです。また、学校の教師も対応上の助言を教育相談に求めることが多いのです。

発達障害児の中でも、ＡＤＨＤ児の指導上の問題を解決することが通常学級における指導の今後の重要な課題になっています。

ＡＤＨＤ児は通常学級にどのくらい在籍しているのか

２００６年6月に学校教育法が改正されました。その施行規則第１４０条では、特別の教育課程編成の対象となる児童生徒として通常の学級に在籍する学習障害、注意欠如・多動性障害及び自閉症スペクトラム障害のある児童生徒も含まれることとなりました。

「通級による指導」は特別の教育課程が編成されて行われますが、その指導の対象にこれら発達障害のある児童生徒も含まれることになったのです。

それ以来、わが国の教育現場では発達障害児の教育に関心が集まり、「通級による指導」だけではなく、通常学級に在籍する発達障害児を「特別な教育的支援を必要とする児童生徒」として位置づけ、多様な教育実践が試みられています。

ＡＤＨＤ児の出現率は、ＤＳＭ‐５[註1]においては、ほとんどの文化圏で、子どもの約５％であることが示されています[*1]。この出現率から割り出すと、40人の児童生徒が在籍する学級では、平均２名のＡＤＨＤ児が在籍していることになります。

一方、２０１２年に報告された文部科学省の調査報告によりますと、通常学級に在籍する児童生徒において『「不注意」又は「多動性―衝動性」の問題を著しく示す』者は推定値３・１％であることが判明しました[*2・註2]。この結果によると、40人の通常の学級において１名強のＡＤＨＤ児が在籍していることになります。

私が実際に小学校の教室で参与観察すると、どの学級においてもＡＤＨＤが疑われる児童が１、２名は必ず在籍していることを確認することができます。

保護者から相談されること

相談来室の保護者の多くは、担任教師から自分の子どもに指導上著しく困難を感じていると伝えられ、保護者自身もどのように対応したらよいかわからず、東北福祉大学特別支援教育研究室に相談に来られます。

ＡＤＨＤのある自分の子どもの教室での行動についてある保護者から相談を受けました。小学３年生で、新年度に入り１カ月経過してから、新しい担任教師より毎日のように電話がかかってくるそうです。担任教師から、自分の子どもが授業中に大声を出したり、教室からとび出たりして授業進行の妨げになっている、相談者の子どもが引き金になり、学級が乱れていると告げられた、とその保護者は涙ながらに私に訴えました。担任教師から毎日電話がかかってくるので、家の電話が鳴ると恐怖心を抱くようになっている、とのことでした。このような訴えをする保護者は少なくありません。

様々な場面で活躍している黒柳徹子さんも、小学１年生の時から「指導上著しく困難」な児童だったようです[*3]。徹子さんの母親は徹子さんの担任教師から学校に呼ばれて次のように言われます。

「おたくのお嬢さんがいると、クラス中の迷惑になります。よその学校にお連れくださいー!」。若くて美しい先生は、ため息をつきながら、くり返した。「本当に困っているんです」

〈黒柳徹子著『窓際のトットちゃん』講談社〉

このようにＡＤＨＤ児の保護者の多くは、自分の子どもの学級での不適切な行動について担任教師から頻繁に伝えられ、精神的に追い詰められることが少なくありません。

ＡＤＨＤ児がいるために学級が乱れる？

１９９０年代から、学校教育の現場では「学級崩壊」が深刻な問題となりました。いわゆる、児童生徒が教室内で勝手な行動をして担任教師の指導に従わず、授業が成立しない状態が数多くの学校で見られるようになりました。集団教育という学校の機能が成立しない学級の状態が一定期間継続していることが多くの学校で発生しました。「私語が多い」「突然奇声を発したり、物を投げる」「授業が始まっても立ち歩く」などの児童生徒の行動が教室内で見られるようになりました。このような状態に対応するために、学級経営研究会は調査を実施しました*4。そして、「経営困難な学級」の一つの事例として、「特別な教育的配慮や支援を要する子どもがいる事例」を取り上げています。その事例の対象児はＡＤＨＤが疑われる行動を示しています。

Ｒ男は式（入学式）の間中、会場を走り回り（中略）、参観日でさえＲ男を教室に戻すのに10分を要した。授業中座っていることはなく、教室の掲示物を次々にはがした。

〈学級経営研究会『学級経営の充実に関する調査研究最終報告書』２０００年〉

このＲ男の担任は中堅どころの女性教師で心身とも疲れ切っていたということです。Ｒ男が「先生いや、学校いや」と言うと、「そんなこと言うと給食あげないわよ」と叱るという対応をしていました。

担任教師が代わるとADHD児の行動も変わるという事実

ところが、R男が2年生になり担任教師が変わると大きな変化が生じます。新しい担任教師は、1年生の時の担任教師とはR男への対応が異なっていました。

新しい担任教師は怒ったりどなったりもするが、抱きしめたりすることで子どもたちの信頼を獲得していった。授業中定期的にR男の座席に行き、彼の体に触れて落ち着かせた。と同時に、R男を含めた全員をペアにして授業を進めた。（傍点は筆者による）

〈学級経営研究会『学級経営の充実に関する調査研究最終報告書』2000年〉

すると学級に変化が生じます。次第に学級に絆が生まれ、安心感が広がっていきました。「異質な存在」と見られがちなR男と上手に共生することで、学級の子どもたち自身に新しい成長が見られるようになりました。3年生になり、また担任教師が変わりました。すると、再びR男の行動は1年生のころと同じようになってしまったのです。

私が相談を受けているＡＤＨＤ児においても、この事例と同じように、担任教師が変わると子どもの行動も変わるということが起こっています。

学級が乱れる主な要因

上述した学級経営研究会は、学級がうまく機能しない状況にある全国の１５０の学級の状況を分析し、10のケースに類型化しました。ほとんどの事例において複数の要因が重なり合っていました。その結果、学級がうまく機能しない状況にある学級の中で「特別な教育的配慮や支援を必要とする子どもがいる事例」が37学級だったのに対し、「教師の学級経営が柔軟性を欠いている事例」が１０４学級、「授業の内容と方法に不満を持つ子どもがいる事例」が96学級あったのです。

学級経営は、担任教師と学級の子どもたち、及び子どもどうしの人間関係が望ましい形で築かれていることが基本だと思います。このような人間関係、信頼関係が築かれていないと、学級経営がうまく機能しないということを示しています。一方で、子どもたちにとってわかりにくい授業が行われている学級もうまく機能しないということになります。

ＡＤＨＤ児の行動は、学級内の子どもどうしの人間関係、担任教師との人間関係によって大きく影響を受けます。また、わかりやすい授業であるか、そうでない授業であるかによって学習に対する取り組みも異なってきます。

そのような視点に立てば、上述したR男の2年生の担任教師はおそらく、子どもとの人間関係をしっかり築くことができ、しかも子どもたちにとってわかりやすい授業づくりをしていたのだと思います。一方、1年生と3年生の担任教師は、残念ながら、学級経営をうまく行うことができず、子どもたちにとってわかりやすい授業を提供できていなかったのかもしれません。

環境次第で落ち着いて学習できる

ADHDは、不注意・衝動性・多動性を主症状としています（P21参照）。そのような症状を生来的に持っていますが、環境によってその症状が顕著に表れる場合もあるし、あまり表面化しない場合もあります。このことが学級内でも当てはまるようです。学級の学習環境（人間関係や授業内容・方法を含めて）によって、ADHD児の行動も大きく影響を受けます。

私が最も主張したいことは、まず、教室内でADHD児に対して個別的な適切な対応がなされなければならないということです。そしてそれと同時に、学級内での教師と子どもたち（ADHD児も含めて）との人間関係、及び子どもどうしの人間関係が望ましい形で形成され、しかもわかりやすい授業が提供されている学習環境が用意されれば、ADHD児の不適切な行動は少なくなり、望ましい行動が増えていくということです。その結果、ADHD児は級友と共に落ち着いて学習に取り組めるようになります。

本の構成

ＡＤＨＤ児に対して適切な支援を行うためには、まず、ＡＤＨＤの障害特性をしっかり理解する必要があります。そのために、ＡＤＨＤ児の事例を参考にしてＡＤＨＤの障害特性を述べていきます（「**第Ⅰ章　ＡＤＨＤの障害特性についての理解**」）。

次に、学校教育において、学級内でＡＤＨＤ児にどのように個別的な支援を行ったらよいか具体的に示していきます。また、ＡＤＨＤ児と学級の子どもとの「良好な関係づくり」、「わかる授業づくり」による、ＡＤＨＤ児の居場所づくりのための支援について述べていきます。さらに、指導上困難を抱えているＡＤＨＤ児の担任教師に対しては学校全体での支援も不可欠です。その支援体制についても述べていきます（「**第Ⅱ章　学校におけるＡＤＨＤ児への包括的支援**」）。

ＡＤＨＤ児に対して、投薬が行われることも少なくありません。ＡＤＨＤ児への医療について学校の教師はしっかりと理解しておくことが必要です。最後に、ＡＤＨＤ児への投薬について医療関係者がどのような考え方をしているか基本的な事柄を述べていきます（「**第Ⅲ章　ＡＤＨＤ児への医療の基本的考え方**」）。

本書は、私が参与観察した授業から得られた情報、担任教師や特別支援教育コーディネーター、管理職にインタビューして得られた情報及び教育・医療・臨床心理・行動療法などの領域の文献から得られた情報などを資料として執筆しました。

また、本書では小学生の時期に焦点を当てて彼らへの支援について述べていきます。それは、ADHD児の不適切な行動や学習上のつまずきは入学と同時に小学生の時期に顕在化し、担任教師が指導上著しく困難と感じるようになるからです。

第Ⅰ章　ＡＤＨＤの障害特性についての理解

❶ ＡＤＨＤの障害特性を理解する

小学生の時期に現れるＡＤＨＤ児の行動

ＡＤＨＤ児の行動上の問題は、小学校に入学すると同時に顕在化してきます。教室という環境下では、子どもはルールに従い、担任教師や級友と望ましい関係を築きながら学習に参加することを求められます。また、椅子に座って一定時間学習することも求められます。小学校入学以前はそのような制約は比較的緩いものでした。ところが小学校に入学すると同時に、「みんなと同じように行動する」ことを求められます。しかし、ＡＤＨＤ児は他の子どもと同一歩調で行動することに困難を示します。その結果、ＡＤＨＤ児の不適切な行動は入学と同時に小学生の時期に顕著に表われてしまいます。

【事例・Ｃ君の場合】

これから、事例としてＣ君に登場してもらいます。Ｃ君は実在する子どもではありません。ＡＤＨＤの行動を典型的に示す子どもとして描かれています。同様にＡＤＨＤ児の担任教師と特別支援教育支援員（以下、支援員）にも登場してもらいます。これらの教育関係者も実在する方ではありませんが、ＡＤＨＤ児に対して対照的な関わり方をする教育関係者として描かれています。

Ｃ君は入学当初から落ち着きのない子どもでした。授業中には気が散ってしまい、先生の言っていることをなかなか理解することができませんでした。また、先生の話を聞かず別のことを考えていることもたびたびでした。行動の切り替えもうまくいかず、学級の他の子どもの行動から遅れてしまったり逸脱することがたびたびありました。さらに、自分のやりたいことや欲しいものがあると我慢をすることができず、すぐ行動に移すことがありました。例えば、友だちが持っている興味ある消しゴムを友だちの許しもなく取り上げるということがありました。

保護者は、１年生の担任教師から授業中の落ち着きのない行動について折に触れて指摘されていました。２年生、３年生の時の担任教師からは、それほどＣ君の不適切な行動について指摘されることはありませんでした。学級では小さなトラブルはあったようですが、取り立てて担任教師から強く指摘されることはありませんでした。２年生、３年生の時の担任教師は、Ｃ君の特性をよく理解して対応してくれたようです。その学年では友だちにも恵まれ、Ｃ君も学校が大好きで休みなく登校していまし

た。しかし、４年生になってひと月ほどすると、担任教師から、Ｃ君の不適切な行動について、連絡帳や電話で頻繁に保護者に知らされるようになりました。

不適切な行動とは具体的には、授業中に私語が多い、担任教師の話を遮るように発言する、時々、級友からも「うるさい」と言われる、また、授業中に立ち歩きをして、教室から出て行くこともある、というものでした。

実は、その学級では私語や立ち歩きはＣ君だけではなく、他の子どももそのような行動をとっていました。学級の半数以上の子どもが授業に集中せず私語をしていました。学級全体がざわついた状態だったのです。そのような学級の状態になったきっかけがＣ君の行動であると、担任教師は思っていたようです。

ＡＤＨＤの基本となる症状

ＡＤＨＤは、その基本症状を不注意、多動性、衝動性を特徴とし、神経生物学的要因を基礎として発現すると考えられる発達障害の一つです。ＡＤＨＤは小児期よりその特徴が認められ、成人後もそれらの特徴そのものは継続的に認められます。一般的に脳の成熟に伴い、多動性、衝動性が12歳ころを境にして減弱していきます。と同時に社会的能力の向上に伴い、多動性、衝動性、不注意による行動上の問題が次第に修復されていきます。その結果、小児期ではＡＤＨＤと診断された人

表１　小学生の時期に表れるＡＤＨＤの行動

不注意

- ●忘れ物が多い
- ●作業が雑でよそ見が多い
- ●ケアレスミスが多い
- ●注意が持続せず、課題を最後までやり遂げることができない
- ●宿題や提出物を出さない
- ●教師の指示や話を聞いていないように見える
- ●教師の言うことを連絡帳やノートに筆記できない

多動性

- ●授業中に立ち歩いたり、教室から抜け出す
- ●前後左右の席の児童に頻繁に話しかける
- ●いつも多弁で騒々しい
- ●いつも体を動かしている
- ●むやみに走り回る
- ●興味のおもむくままに他児の物を触る

衝動性

- ●軽はずみで唐突な行動が多い
- ●ルールの逸脱が多い
- ●順番を待てない
- ●授業中、突然発言する
- ●他児にちょっかいをだしトラブルになる
- ●自分の意にそわないことがあると衝動的に乱暴したり暴言を吐く
- ●自分の行動を注意されると過剰に反応し攻撃的になる

その他

- ●自分の持ち物の整理整頓が難しい
- ●準備や後片付けに時間がかかり手際が悪い
- ●時間内に行動したり、適切に時間配分することが難しい

が成人期ではＡＤＨＤの診断基準を満たさなくなる例も少なくありません[*5]。

ＡＤＨＤの病因についてはまだ確定されていません。しかし、その病因に神経発達上の障害があり、脳の機能障害があると考えられています[*6]。神経発達上の障害には、遺伝要因と環境要因が関わっていると推察されています。複数の遺伝子が相互に影響し合い、そこに複数の環境要因(例えば、母親の妊娠中の喫煙やストレスなど）の影響を受け、相互に影響し合いながら神経生物学的リスクを高めていると考えられています。

ＡＤＨＤの主要な環境要因として考えられているのは周産期の障害です。具体的には妊娠期の母親の健康状態が悪いこと、出産時頭部外傷などの脳障害があげられています。また、妊娠中の母親のライフスタイルも注目されています。特にニコチンやアルコールなどの中毒性物質が、胎生期の神経細胞の発育に何らかの障害を引き起こすものと考えられています[*7]。しかし、このような障害が周産期にまったく気づかれなかった母親においてもＡＤＨＤのある子どもが生まれてきています。病因が特定できないのです。

ＡＤＨＤの不注意、多動性、衝動性の特徴は教室内で**表1**のような形で表れてきます。

ＡＤＨＤのタイプ

ＡＤＨＤには３つのタイプがあります。

「多動性・衝動性優勢型」、**「不注意優勢型」**、及び**「混合型」**です。「多動性・衝動性優勢型」は、多動と衝動の症状が強く出てくるタイプです。「不注意優勢型」は、不注意の症状が強く出てきます。「混合型」は多動と衝動、不注意の症状が混ざり合って強く出てくるタイプです。

この３つのタイプの中で担任教師が留意しなければならないのは「不注意優勢型」です。このタイプは、不注意の症状だけで、多動性・衝動性は条件を満たすほど強くはありません。就学年齢ごろまでに多動性・衝動性が軽快されてしまっているのです。彼らは授業中にぼんやりしていて他のことを考えていることが少なくありません。または窓の外を眺めて過ごしたり、授業に集中していません。板書をノートに写すことも忘れてしまいます。しかし、多動性や衝動性の強いＡＤＨＤ児とは異なり、立ち歩きや授業を妨げる行為はしません。そのため、このタイプのＡＤＨＤ児は、問題がないと判断され特別な支援を受けられないで放置された状態にあります。しかし、学年が上がるにつれて注意集中力が高いレベルで求められる授業になると、聞き逃しが多くなり学習についていけなくなってしまいます。その結果、その子どもの本来の知的発達レベルと比較すると学業成績が低いレベルにとどまってしまうことが少なくありません。

担任教師は、このタイプのＡＤＨＤ児に気付き、適切な支援を行うことが求められます。

ＡＤＨＤの不注意、多動性、衝動性の３つの特徴を示す行動の背景には、実行機能の障害との関連が示唆されています＊8。実行機能とは認知の制御、行動の制御及び情動の制御に関わり、人間の目標的な活動を有効に成し遂げるために必要な認知機能です。具体的には、衝動をコントロールし、自分自身の行動を止める能力（抑制）、必要に応じてある状況、活動、問題の側面から別の側面に自由に移動する能力（シフト）、情緒的な反応を調節する能力（情緒のコントロール）、課題の遂行のために情報を保持する能力（ワーキングメモリ）等の能力が想定されています＊8。

このような能力はほとんどのADHD児が示す行動と関連しているように思われます。特に、「抑制」の能力と「情緒のコントロール」の能力の障害はADHD児の衝動性や多動性と関連していると思われます。

このような実行機能の障害が根底にあるために、ADHD児の学校生活の様々な困難性が引き起こされ、その結果、**表1**のような行動が表れてくると考えられます。

②　ＡＤＨＤの障害特性が理解されないことによる問題

ＡＤＨＤの障害特性を理解していない大人が示す対応

幼児期から周囲の大人たち（父母であったり、担任教師であったり）はＡＤＨＤ児の行動を見て、いら立ちを感じることが少なくありません。「何度注意しても直らない」「怒られてもすぐケロッとしている」という様子を見て、大人たちは繰り返し叱責することになります。大人によってはＡＤＨＤ児を厳しく躾けなければならないと考える人も少なくありません。その結果、虐待にまで発展することもあります。

また、教室の中で担任教師がＡＤＨＤ児を頻繁に叱責する姿を見て、クラスの他の子どもたちも影響を受けます。あの子は〝悪い子〟〝困った子〟として見られ、クラスの他の子どもたちから疎外されることもあります。

【事例・Ｃ君の場合】

Ｃ君の場合も、担任教師からたびたび叱責を受けていました。授業中の立ち歩きが多くなり、わざと教室の後ろの棚の上に立ったりします。そのたびに担任教師から叱責を受けます。そのような行動が頻繁になったので、学校はＣ君の学級に６月から支援員を配属することにしました。その支援員は40代の女性で、特に特別支援教育に関する研修を受けてはいませんでした。

その支援員もＣ君の行動が気になり、授業中に頻繁に注意します。Ｃ君が授業中に大好きなピカチュウの絵を描いているとそれを取り上げてしまいます。Ｃ君は支援員に〝くそババー！〟と暴言を吐きます。支援員が近寄るとＣ君は嫌な顔をして、わざと立ち歩き教室から飛び出します。支援員はＣ君を追いかけますが、次第にＣ君は支援員に追いかけられることを楽しむようになります。結局、Ｃ君は担任教師と支援員の二人から頻繁に叱責を受けることになったのです。

ＡＤＨＤ児の二次障害

ＡＤＨＤの障害特性を適切に理解していない大人たちの不適切な対応が、ＡＤＨＤ児の状態像を悪化させることになります。すなわち、一次障害であるＡＤＨＤの特性に対して適切な支援がなされないか、不適切な対応がなされることが継続すると、情緒面や行動面で問題を起こす二次障害[註3]が生じてきます。

ＡＤＨＤ児本人には、「頑張っているのにうまくいかない」という悔しい思い、「またやってしまった」という失敗体験が蓄積していきます。ＡＤＨＤ児本人も、不適切な行動をやってはいけないとわかっているのですが、注意されている行動を衝動的にやってしまうのです。また、学習についていけないことの劣等感、担任教師や保護者からの度重なる叱責、及び、友だちからのからかいなどのマイナスの思いが膨らんでいきます。その結果、いつも叱られる自分、褒めてもらえない自分、人を苛立たせる自分、といった否定的な自己像を形成し、否定的な自己感を持ちやすくなります。さらに、「自分はダメだ」と自分に嫌気がさしてきて、自分を責めるようになります。そして、二次障害の状態像を示すようになります。二次障害には2種類の障害があります。**外在化障害**と**内在化障害**です。

内在化障害は内面に向かう障害で、心身症、意欲の低下、抑うつ的気分、不登校（あるいは登校しぶり）という状態像として表れてきます。一方、外在化障害は外界に向かって現れる障害で、すぐ怒ったり興奮したりする情緒面の不安定さ、級友とのトラブルの頻発、大人への反抗的言動、反社会的言動という状態像で表れてきます[*9]。

【事例・C君の場合】

まず登校しぶりが表れてきました。毎朝、朝食が終わってもランドセルをなかなか背負おうとしません。それでも母親に励まされて家を出ます。校門に入ってもなかなか昇降口に入ろうとしません。そのような状態がしばらく継続しました。

一方で、教室に入ると落ち着かない行動が継続されます。授業中の立ち歩きや教室からの飛び出しもなかなかおさまりませんでした。教室から飛び出すと支援員に追いかけられます。支援員はC君を捕まえると力づくで教室に連れ戻します。そのたびにC君は大暴れします。時には衝動的に支援員の足を蹴ったり、叩いたりすることもありました。教室に戻ると担任教師から強い叱責を受けます。そのようなことが毎日のように繰り返されました。

そうしているうちに、担任教師や支援員に対するC君の反抗的態度が激しくなってきました。そして二人を敵視するようになりました。

ADHDの併存症

二次障害の状態像がさらに悪化すると、**併存症**註4として医療の対象となる障害にまで進行します。外在化障害の「大人への反抗的言動」や「反社会的言動」は、「**反抗挑戦性障害**」や「**素行障害**」にまで進行することがあります（**図1**参照）。

「反抗挑戦性障害」は、怒りに基づいた不服従、反抗、挑戦的行動の持続的様式と表現される児童期の精神障害です。癇癪をおこす、大人と口論する、大人の要求や規則に従うことを積極的に反抗または拒否する、故意に他人を苛立たせる、自分の失敗や無作法を他人のせいにするなどの行動が頻繁に表れてきます。

「素行障害」は、わがままで他の児童への思いやりがなく、罪悪感にさいなまれることもなく、いじめたり、他の児童の持ち物に損害を与えたり、嘘をついたり、盗んだりするなどの行動で表れてきます。

二次障害を予防するには

このような状態像に進行しないためには、ＡＤＨＤ児に対して様々な支援や配慮を行わなければなりません。その具体的な例を以下に示します。

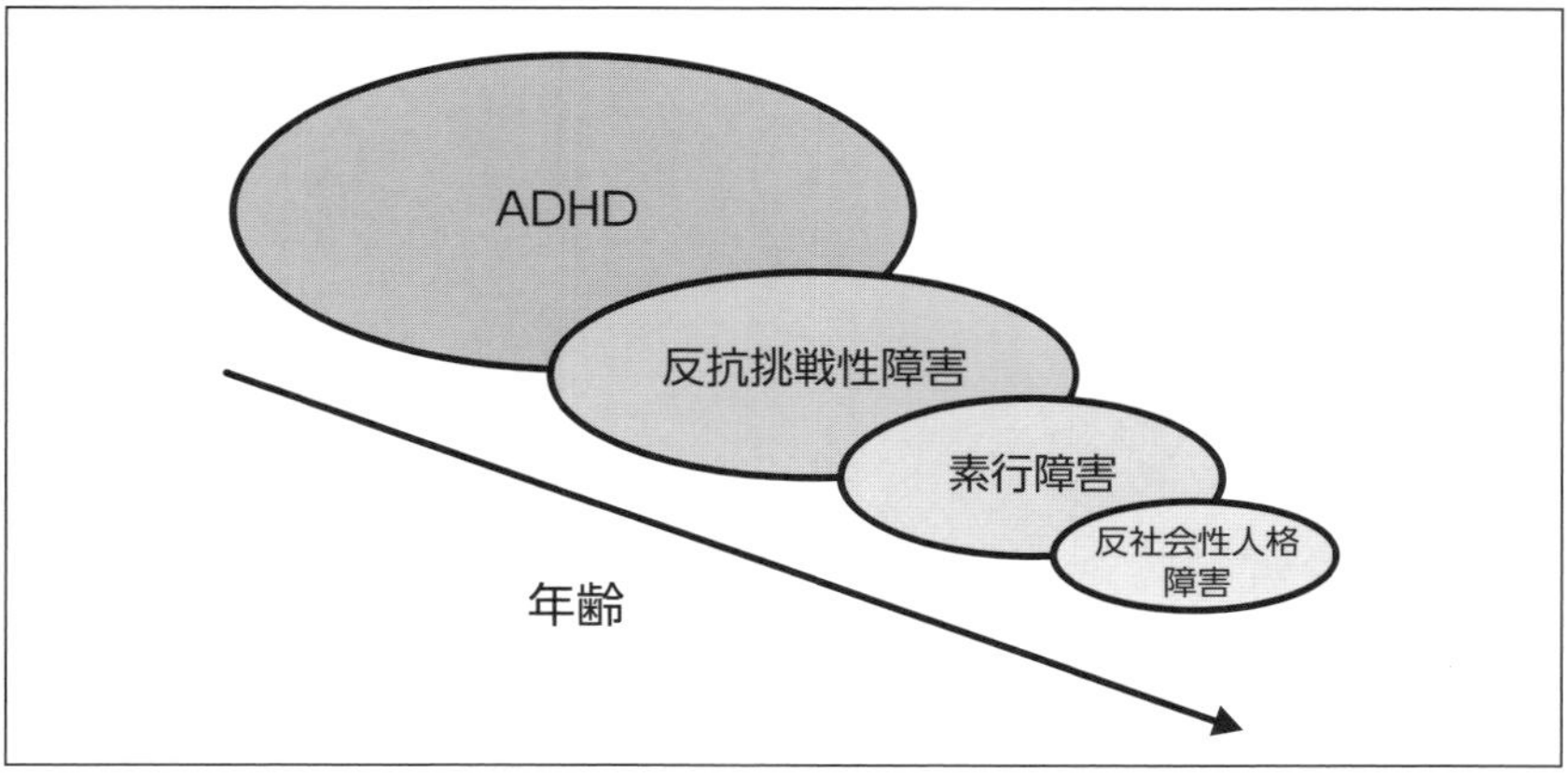

図１　ＡＤＨＤの時間的経過　反社会性の進行＊6

●ＡＤＨＤに早期に気付く

ＡＤＨＤ児は、就学前教育の場（幼稚園や保育所など）ですでに、ＡＤＨＤの行動特性を示していることがほとんどです。入学後、教室内でＡＤＨＤが疑われる行動がたびたび起こるようでしたら、その子どもが入学前に通っていた幼稚園や保育所の職員から、その頃の子どもの行動について聴取することが必要になります。

また、発達障害児の支援に重点を置いている学校では、特別な支援を必要としている児童生徒について、「児童生徒理解に関するチェックリスト」[註5]によって実態調査を行っています。その調査の結果を利用して、ＡＤＨＤが疑われる児童を見つけ出すことも可能です。必要であるなら、一般に市販されている「ＡＤＨＤの行動特徴チェックリスト」を使用することも考慮に入れます。そのような調査で、ＡＤＨＤが疑われたなら、医師の診断を待たないで、その子どもがＡＤＨＤであることを想定して、適切な対応をしていくことが求められます。

●ＡＤＨＤの障害特性の理解を深める

ＡＤＨＤの障害特性についてしっかり理解を深め、対象となる子どもを見る視点を変える必要があります。ＡＤＨＤ児の様々な不適切な行動は、決して本人が意図して行っているのではないということを理解する必要があります。同じような間違いを何度も繰り返したり、人の気持ちを逆なですることは、誰のせいでもない、神経発達の障害が背景にあることをしっかり認識することが求められます。

学校教育においては、すべての教職員がＡＤＨＤの行動特徴を理解することが必要です。特定の子どもがＡＤＨＤを疑われたときに、ＡＤＨＤの行動特徴を考慮に入れた対応をすべての教職員が同じように行うことが大切です。そのようなことが行われない場合、ＡＤＨＤ児に対して、ある教職員は適切な対応をしますが、別の教職員は激しく注意・叱責するというちぐはぐな対応が行われることになります。そのようなことが起こるとＡＤＨＤ児は混乱するようになり情緒的に不安定になってしまいます。

●ＡＤＨＤ児の困り感に寄り添う姿勢を示す

ＡＤＨＤ児の担任教師は、その子どもの不適切な行動にどのように対応したらよいかわからず、ＡＤＨＤ児を「困った子」としてとらえがちです。しかし、最も困っているのはＡＤＨＤ児本人です。やってはいけないとわかっているのにやってしまう自分、いつも大人に叱られてばかりいる自分、級友からいつも非難される自分など、どうすることもできない自分に困っているのです。自分でもそんな自分をなんとかしたいと思っている、しかし、それがうまくいかないでいます。

ＡＤＨＤ児によってはそのような困り感を自覚し、いつも悩んでいる子どももいます。しかし、そのような困り感を漠然と感じているが、うまく表現できない子どももいます。

ＡＤＨＤ児が学級内で暗い表情をしている様子を、あるいは級友とのトラブルの後に落ち込んでいる様子を見かける時があると思います。そのような時には、個別に時間をとって話しを聴いてあげることが必要になるかもしれません。自分の困り感を表現できる子どもには、その困り感に理解を示し、「そうなんだ、○○君も困っているんだね、つらいよね」と、子どもの気持ちに寄り添う言葉がけをするということが大切になります。そのような寄り添う言葉が、その子どもを安心させることになります。

【事例・C君の場合】

C君は2学期になると、校内にある通級指導教室に週に2回ほど通うことになりました。その教室において、怒りをコントロールする方法の学習や、注意を集中して学習する訓練を受けることになりました。C君は自分の学級から離れて通級指導教室に通うことを楽しみにするようになりました。

それは、通級指導教室の担当教師がC君の話しをよく聞いてくれたからです。教室に入るとまず担当教師と話しをします。自分の教室であったことや学級の担任教師や支援員に対する不満をぶちまけるのです。一方で、授業中に立ち歩いたり教室から飛び出してしまうことはいけないことだと自覚しているのに、衝動的にそのような行動をとってしまうと、自分の行動を反省する話しもします。そのような自分はダメな人間で、死んでしまったほうがよい、と口に出すこともありました。

そのようなC君の話しを通級指導教室の担当教師は黙って聞いてあげます。そして、「C君もっらいんだ」とＣ君の気持ちに寄り添うような言葉がけをします。

ある時期からＣ君は同じ学級のＵ君に対して、本人が嫌がることをわざと言うようになりました。〝お前なんか死ね！　あっちへ行け！〟と本人に近寄って言うのです。そのようなことがたびたびあったのでＵ君はついに泣いてしまいました。担任教師はＣ君に謝るように強く求めました。しかし、Ｃ君はその求めを頑として受け入れようとしませんでした。

そのようなことが学級の中で起こったことを知った通級指導教室の担当教師は、Ｃ君が教室に来た時、Ｃ君に言いました。「これから嫌がることを言わないと言ってＵ君に謝れば、きっとＵ君は許してくれると思うよ。先生も謝ってくれればうれしいな」。その言葉を聞いてＣ君はしばらく黙っていました。そして、自分の学級に戻ってからすぐにＵ君に謝罪したそうです。

●心理社会的支援を早期から導入する

学校で不適切な行動が顕著になると、担任教師は、医療、特に投薬を受けて行動が改善することを期待することが少なくありません。保護者は学校から児童相談所や発達相談支援センターなどの相談機関に行くことを勧められます。保護者はその勧めに応じて相談機関に行き、さらにそこから医療機関を紹介されます。医療機関でＡＤＨＤという診断が下されても、医師は投薬をすぐ開始するわけではありません。その前に「**心理社会的治療**」を勧めます（**図2**参照）。

「心理社会的治療」とは、ＡＤＨＤ児本人や養育者の心理面からの対応と、社会的環境の影響を重視する対応です。具体的には、保護者を対象とした**ペアレント・トレーニング**、ＡＤＨＤ児本人を対象とした**ソーシャル・スキル・トレーニング**（以下、ＳＳＴ）などが行われます。また、ＡＤＨＤ児の「困り感」に沿って、本人が生活しやすいように周囲の環境を工夫することをねらいとした環境調整を行います。

この**環境調整**の中には人間関係を良好なものにする人的環境調整も含まれます。さらに、ＡＤＨＤ児への支援を円滑なものにするために、ＡＤＨＤ児本人が関わっている専門機関どうしの連携も重視します。そのような心理社会的治療を一定期間継続しても、ＡＤＨＤの状態像に変化が見られない場合、投薬を行うことを勧められます。

詳細については第Ⅲ章で説明していきます。

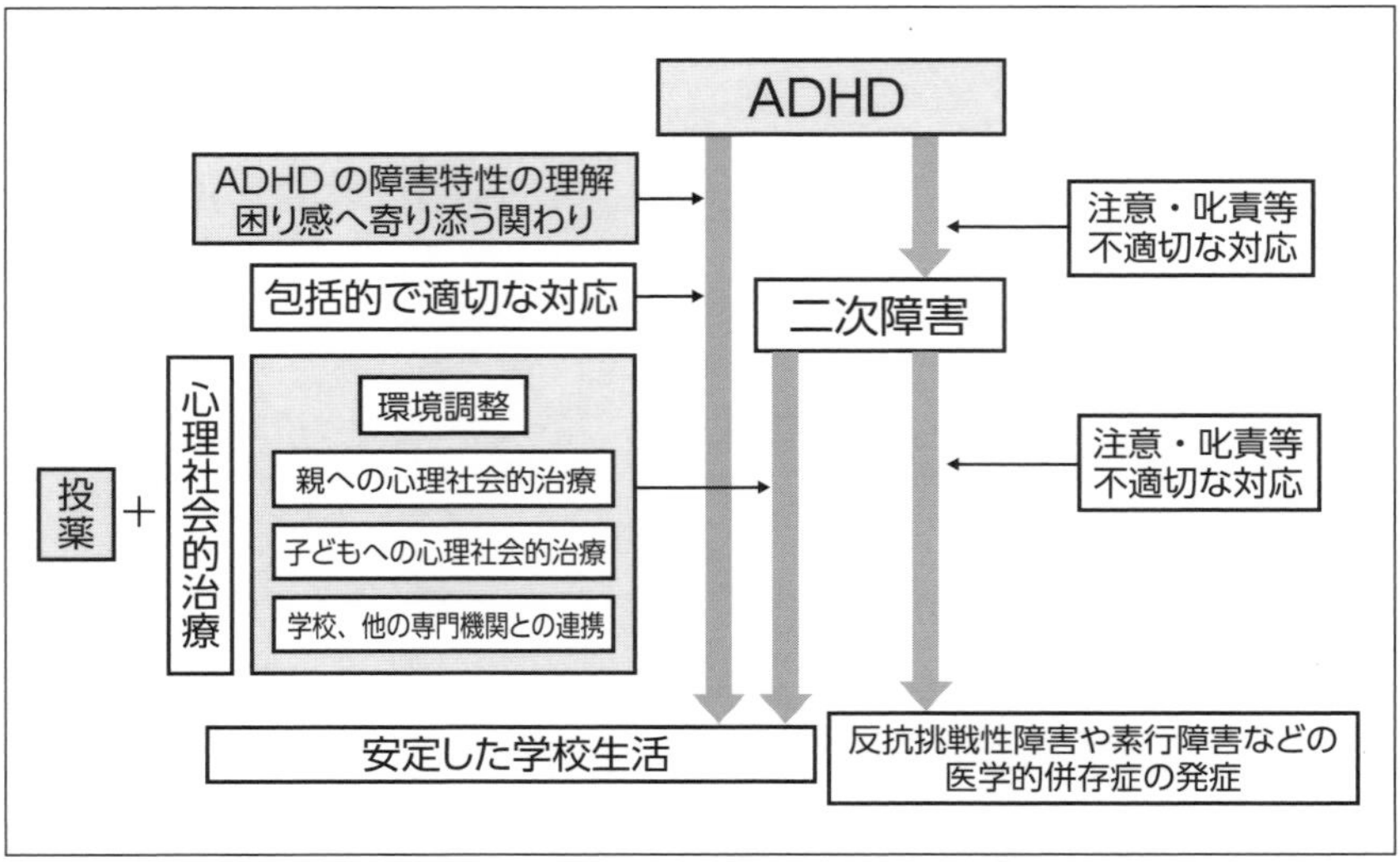

図２　ＡＤＨＤ児における二次障害の発現とその対応

【事例・C君の場合】

C君は、学校の勧めにより発達支援相談センターに行きました。そして、そこから大学病院への紹介状を渡されました。大学病院の医師からADHDの診断が下されました。

母親は、ADHD児の親の会である「エジソン・クラブ」に入会しました。そのクラブで行う研修会で、家庭での自分の子どもへの対応方法について勉強しました。

大学病院の医師からは学校に対して、「**環境調整**」の重要性が母親を介して文書で伝えられました。しかし、担任教師や支援員のC君への対応は変わることがありませんでした。担任教師は「環境調整」を「**物理的環境調整**」と解釈し、「**人的環境調整**」、すなわち人間関係改善のための対応の工夫と解釈しなかったようです。黒板の周囲の余計な掲示物を除去したり、C君の座席の位置を前列の中央にしました。そうすれば、C君の注意が拡散することが少なくなり授業に集中するようになるだろう、そして、授業中の立ち歩きや教室からの飛び出しも少なくなるだろうと考えたのです。自分たちのC君に対する関わり方を振り返ることはしなかったのです。

しかし、そのような「物理的環境調整」によってだけではC君の不適切な行動は少なくなりませんでした。その結果、担任教師と支援員からの叱責は継続されることになりました。

新年度になり、C君は5年生になり、担任教師も級友も変わりました。両親は、新しい担任教師に面接を求め、自分の子どもの障害についての理解を求めました。新しい担任教師は、過去にもADHDの子どもを数回担当した経験を持っていました。また、発達障害児の支援方法についての研修も数回受講していました。

５年生の担任教師のＣ君への対応の仕方は、４年生の担任教師のそれと異なっていました。毎朝、Ｃ君に近寄って和やかに話しかけます。たわいもないことを短い時間をとって話しました。授業中にポケモンのお絵かきをしてもあまり注意することはありませんでした。どうしても注意をしなければならない時には、Ｃ君に近寄って小声でそっと注意します。机に座っていることがつらくなった時は、担任教師の許可を得て、図書室で好きな図鑑を見ることを許されました。その時には、新しく代わった支援員が付き添うことにしたのです。支援員は、授業中にぴったりＣ君の傍に付くということはなく、教室の後ろの方でＣ君の様子を見守るようにしました。そして、授業中にＣ君が困っている様子を見せたら近寄って支援をするようにしました。また、休み時間には、支援員はＣ君となるべく一緒に遊ぶ時間を持つようにしました。

５月の連休明けから、Ｃ君は比較的落ち着いて学習に取り組めるようになりました。担任教師や支援員から叱責を受けることはほとんどなくなり、Ｃ君の反抗的態度もすっかりなくなりました。

ＡＤＨＤの障害特性を考慮した理解ある対応をすることによって、ＡＤＨＤ児の行動は確実に変容していきます。

③ ＡＤＨＤに併存している他の発達障害

ＡＤＨＤには、他の発達障害が併存している場合が少なくありません（**図３参照**）。特に、自閉症スペクトラム障害とＡＤＨＤは高頻度に合併することが知られています＊6。ＡＤＨＤの行動特徴のほかに、**自閉症スペクトラム障害**の特徴（社会的コミュニケーションの障害、及び限定された反復的な行動様式に基づく行動や興味）を示すことになります。そのようなＡＤＨＤ児へは、ＡＤＨＤの行動特徴を考慮した配慮・対応とともに、自閉症スペクトラム障害の行動特徴を考慮した配慮・対応をすることが求められます。

ＡＤＨＤ児の中には、読みに困難を示す子どもや、書きに困難を示す子どももいます。そのようなＡＤＨＤ児には、**学習障害**（**ＬＤ**）が合併していることも疑っ

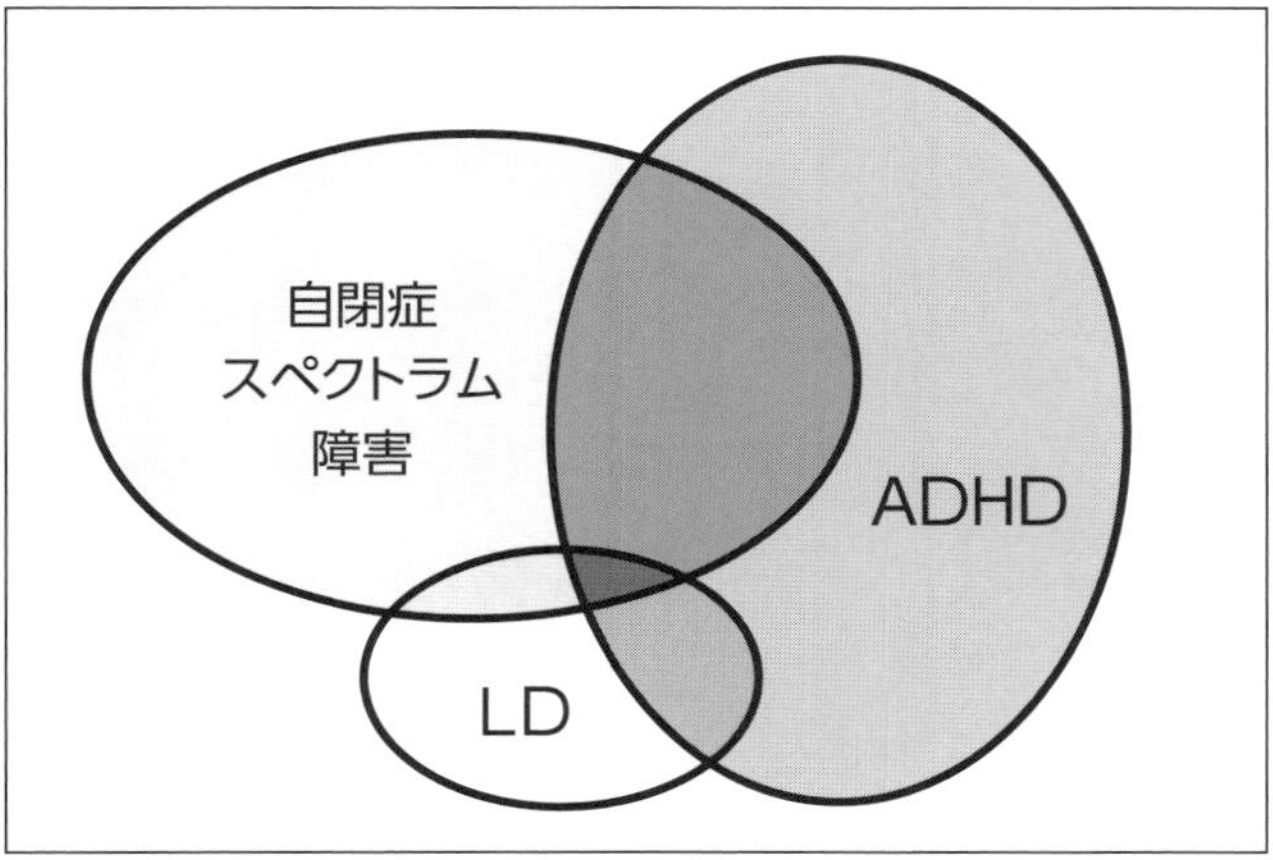

図3　ＡＤＨＤ、LD、自閉症スペクトラム障害との関係＊6

てみる必要があります。WISC知能検査やK-ABC検査などの認知能力検査を行って、認知の偏りがないかを把握することが求められます。LDが合併している子どもは、学業成績についても他の子どもと差がついてしまいます。学習面についても手厚い支援が必要となります。

④ ADHD児の個性も大切に

ADHDの行動特徴についての今までの説明によって、ADHD児に対してネガティブなイメージを持つかもしれません。しかし、実際は、ADHD児には個性的な性格を持っている子どもが少なくありません。

とても活発でエネルギッシュな子どももいます。好奇心旺盛でいろいろなことにチャレンジする子どももいます。想像力が豊かで、他の子どもが思いつかないような楽しいことを思いつく子どももいます。人懐っこくて、やさしく、一緒にいてとても楽しい子どももいます。それぞれの子どもが個性を発揮して学校生活を送っています。

特に、興味・関心を持ったことには驚くほどの才能を示す子どもが少なくありません。学校では落ち着かず乱暴な行動が多かったADHD児が家にあるカラオケに関心を示し、祖父母と一緒にカラオケで歌うことに夢中になり、大人になって、テレビで放映されるカラオケ大会で優秀な成績をあげた事例もあります。

私の知り合いに建設会社を経営しているEさんがいます。彼の話しを聞きますと、小学校・中学校の頃は授業中に席に座っていることはほとんどなかったそうです。毎年、特別支援学級に入級することを学校から勧められていたとのことです。それでも高校を卒業して建設会社に入社しました。建築現場の建築解体の場面で彼の才能が発揮されることになります。家屋を解体するためには、家屋の構造を考慮して、手順を決めて解体するのだそうです。Eさんは家屋の構造を見ただけで、解体の手順が判断できることに気付いたそうです。今では独立して会社を経営しています。

小学生の頃からどのようなことに関心を示しているか、どのようなことを得意とするか、よく行動観察することが求められます。もし、得意なことがあったなら、それを評価されることによって、自分に自信が持てるようになります。そして、自己肯定感を持てるようになると思います。

第Ⅱ章　学校におけるＡＤＨＤ児への包括的支援

❶ 学校におけるＡＤＨＤ児への包括的支援とは

ＡＤＨＤ児が自分の個性を活かし、地域や学校で安定して生活していくためには、様々な専門領域の支援を必要とします。医療、臨床心理、学校教育、相談機関、地域での生涯教育等の領域の支援です。これらの支援の連携を、ここでは「**包括的支援**」とします。

ＡＤＨＤ児が在籍する通常学級における対照的な二つの授業風景

保護者や学校の依頼を受けて、相談を受けたＡＤＨＤ児の行動を観察するために授業を参観させてもらう機会があります。

教室に入り、その子どもがどこにいるかを一見して特定することができないことがあります。というのは、学級の半数以上の子どもたちが私語をしたり、離席したりしていて、対象となる子どもを見分けることができなかったからです。社会科の授業でしたが、担任教師の話を聞いていた学級の子どもは数名だけでした。ある子どもは授業中であるにも関わらず、机上に鏡を置いて髪を整えていました。ある子どもは参観している私に近づき、「私、あの先生大嫌い！」とわざわざ告げてきました。

帰りの会では、日直らしい子どもが司会をしていますが、ほとんどの子どもたちは私語をしています。学級全体が騒がしい状態になっています。担任教師は、帰りの会の進行に関わらず自分の机で事務作業をしていました。

この学級は、いわゆる「学級崩壊」の様相を示していました。学級担任と子どもたちとの関係性が希薄であるように感じられ、また、子どもどうしの関係性も希薄で学級としての一体感が全く感じられませんでした。

対照的なもう一つの学級の授業風景を紹介します。ＡＤＨＤの疑いのある低学年のＧ君の保護者から相談を受けて、学校を訪問し授業中のＧ君の様子を見てほしいと依頼されました。Ｇ君は授業中に教室から抜け出し、授業に参加できない状態でした。支援員が付き添っていましたが、支援員の指示も受け入れず、Ｇ君は自由にふるまっていました。

しかし翌年、Ｇ君の様子を観察しに学校を訪問した時は、Ｇ君は机に座っており、どこにいるか一見して特定することができませんでした。というのは、学級の全員の子どもたちが真剣に授業に参加しており、Ｇ君も離席することなく授業に参加していたからです。時折、Ｇ君の注意が散漫になり、お絵かきすることはありましたが、しばらくするとまた授業に参加するという様子が見られました。

学級の雰囲気は非常に和やかで、Ｇ君も学級の一員として自然にふるまっている様子が見られました。給食中には、食事をしながら同じ班の子どもたちと楽しそうに会話をしていました。

私はこのような対照的な学級の授業風景を少なからず観察してきました。そして、前者の授業風景を呈している学級担任からは、ＡＤＨＤ児の行動によって学級の乱れが生じたと強調されることが少なくありません。

しかし、対応困難な著しい不適応行動を示したＡＤＨＤ児が、翌年、学級担任が代わり、学級の雰囲気や授業方法が変わると、前年にあった対応困難な行動がほとんど観察されなくなるということも実際に少なくありません。また、その反対のことも言えます。すなわち、前年度までは行動上の問題をほとんど指摘されることがなかったＡＤＨＤ児に、翌年、学級担任が代わり、新年度が始まってから1カ月ほど経過すると、対応困難な行動が出現してくることがあります。

伊藤も巡回相談やコンサルテーションで、特別支援対象の子どもが在籍している学級の授業を観察して、私と同じような感想を次のように示しています*10。

例えば、ある授業では、授業の区切りがあいまいで、めあてを明示することなく授業が始まってしまう。また、低学年の学級では学級担任が、「○○グループになって、○人になって、○人で一組になって、その一人の人が○○を持って、○○へ行き・・・」と、複雑なプロセスを一気に話すので子どもたちは理解するのが難しい。そのような場面では注意集中が難しい子どもはただぼんやりして手遊びをしてしまう。そのうちに周囲にいた子どもたちもイライラして、手遊びしているＡＤＨＤ児に厳しい口調で注意する。このような学級の担任教師は、特別支援対象の子どもが「いるから」、学級全体の問題が発生していると訴えます。

一方で伊藤は、その真逆な授業風景も報告しています。

子どもの視点に立って、子どもたちが戸惑いがちなことには、事前に指示を出しておく。遠くから怒鳴るのではなく、子どもに近づいて何をどうすればよいか具体的に指示する。言葉だけでなく大事なポイントを黒板に図示する。このような学級では学級全体の雰囲気や学級活動への取り組みもよく、特別支援対象の子どもも学級に溶け込んで落ち着いています。担任教師からも特別支援対象の子どもがいて困るという訴えは出てきません。

このような二つの授業の違いはどのような要因によって生じるのでしょうか。それは、「はじめに」でも述べましたが（p10参照）、学級内での教師と子どもたち（ＡＤＨＤ児も含めて）との人間関係、及び子どもどうしの人間関係が望ましい形で形成されているか（「学級づくり」が機能しているか）、しかも、学習環境がよく、わかりやすい授業が提供されているかどうか（「わかる授業づくり」がなされているか）、ではないかと思われます。

「学級づくり」や「わかる授業づくり」がもたらす発達障害児への影響

近年、発達障害児が在籍する学級での「学級づくり」や「わかる授業づくり」を重要視する主張が広がってきています[＊11＊12]。そのような主張とともに、「学級づくり」や「わかる授業づくり」をすることによって、通常学級に在籍するＡＤＨＤ児の対応困難な行動が減少していき、望ましい行動が促進されることが、多くの教師に経験的に理解されるようになってきています。

従来は、専門家や研究者において発達障害児個人を対象とした支援の方法が検討されてきました。すなわち、発達障害児本人の学習や行動上のつまずきへの効果的な対応や機能的な生活スキルを教えることが重視されてきました。しかし、現在では学級内の級友との相互作用が発達障害児の発達に大きな価値を持ち、重要であることが認識され始めています[＊13]。

国立特別支援教育総合研究所は、自己評価の低い発達障害児に対しては、自分の役割や望ましい人間関係を基盤とした「安心感」や「所属感」が持てる「学級づくり」が基本であるとしています[＊14]。そのような「安心感」や「所属感」を基盤として、「わかる」、「できる」、そして「学び合える」授業が重要であるとしています。

学級集団全体が落ち着いて学べる集団は、発達障害児にも学びやすい学習環境をもたらします。また、学級のすべての子どもにとって理解しやすい授業方法は、発達障害児の学習理解も促すはずです。そして、発達障害児の授業に参加する態度も意欲的になるはずです（上述したＧ君が在籍した学級がそれに相当します）。

一方、学級集団全体が落ち着かない学級であれば、それは、発達障害児にとっても学ぶことが困難な学習環境になり、発達障害児の障害特性が顕在化することになります。

ＡＤＨＤ児が通常の学級において、自己肯定感を持ち、他の子どもたちと仲良く学級生活を送れるようにするためには、次のような支援が必要とされます。

① ＡＤＨＤ児の障害特性に応じた個別的支援
② 学級の児童・生徒間の良好な人間関係の形成や担任教師との信頼関係を形成する「学級づくり」
③ 全員の児童・生徒が理解しやすい「わかる授業づくり」
④ ＡＤＨＤ児を担任する教師をサポートする学校システム

以上のことを本書では「**ＡＤＨＤ児への包括的支援**」と総称します。そして①の支援を「**個別レベルの支援**」とします。②と③の「**学級づくり**」と「**わかる授業づくり**」を「**学級レベルの支援**」とし、④の学校システムを「**学校レベルの支援**」とします（**図４**参照）。

２ 通常学級におけるＡＤＨＤ児への包括的支援

個別レベルの支援

「個別レベルの支援」としては、ＡＤＨＤ児の不適切な行動を軽減し、望ましい行動を形成する支援が考えられます。また、学習のつまずきに対する支援も必要となります。行動上の問題への支援についての基本的考え方は次の通りです。

●不適切な行動を減少させることを重視するよりは、適切な行動を増やし、結果的に不適切な行動を減らしていく、という視点で支援する。

●衝動的な自分の行動を様々な方法でコントロールすることをＡＤＨＤ児と一緒に探って実践する。

そのためにはまず、ＡＤＨＤ児と教師との良好なコミュニケーションを築くことが重要となり、同時に信頼関係を築くことが前提となります。適切な行動を増やすために、行動療法の技法など様々な方法を用いることが必要となります。その際、担任教師と特別支援教育支援員（以下、支援スタッフ）等がチームを組んで、対象となるＡＤＨＤ児へ支援を行うことが求められます。

学級レベルの支援

「学級レベルの支援」として、担任教師は次の二つのことを行うことが求められます。
●学級全体の子どもどうしの関係が良好で、支え合える関係を築くための「学級づくり」
●学級のすべての子どもが集中して学習に取り組むことを促す「わかる授業づくり」
「わかる授業づくり」を行うことによって、学級の子どもたち全員が集中して、しかも落ち着いて学習に取り組むことができます。そのような学習環境になれば、他の子どもの行動がモデルとなり、ＡＤＨＤ児の学習行動も望ましいものになる可能性があります[*15]。教師による配慮的な支援だけで、ＡＤＨＤ児も落ち着いて学習に参加することができるようになります。

学校レベルの支援

「学校レベルの支援」を実施するにはまず、支援の対象となるＡＤＨＤ児についての行動や特性、及び対応の方法について、学校全体の教員や支援スタッフの共通理解を図ることが重要です。共通理解が図られていない場合、教員同士や支援スタッフの間で支援方法がちぐはぐなものになり、ＡＤＨＤ児に混乱がもたらされてしまうからです。

また、ＡＤＨＤ児の指導が担任教師一人に任されると、その子どもの不適切な行動がなかなか改善されず、担任教師は精神的に追い詰められてしまうことが少なくありません。その際には校内で支援体制を作り、学級に補助として教員を配置することがあります。例えば、副教務主任や教務主任等の先生が時間調整をして支援に入るということはよく見られるケースです。支援に入った先生とティームティーチング（以下、ＴＴ）を行うことにより、授業中のＡＤＨＤ児への個別的支援が可能となります。と同時に学級全体の授業の進行がスムーズに行われるようになります。

さらに、校内の教職員によって構成される校内委員会の機能をフルに活用し、ＡＤＨＤ児を担任する教師と共に支援方法を考え、「個別の指導計画」を作成します。その計画を基に学級内でＡＤＨＤ児の支援を行います。

最後に、対応が顕著に困難で、学校内の教員や支援スタッフ、及びスクールカウンセラー等の支援によっても、行動がなかなか改善されない場合、外部の専門家を招聘して助言を得るということも行われなければなりません。現在では、どこの市町村教育委員会でも、特別支援教育巡回相談制度や専門家チームによる助言制度が用意されています。このような制度を活用して、専門家による多角的な視点からの情報を入手し、それに基づいての指導を行うことが重要です。

以上に述べた、「個別的な支援」、「学級レベルの支援」、及び「学校レベルの支援」が同時に並行して、包括的に行われることによって、その効果が確実にもたらされます（**図４**参照）。「個別的な支援」のみによっては、ＡＤＨＤ児の行動上のつまずきや学習上のつまずきはなかなか改善されることはありません。

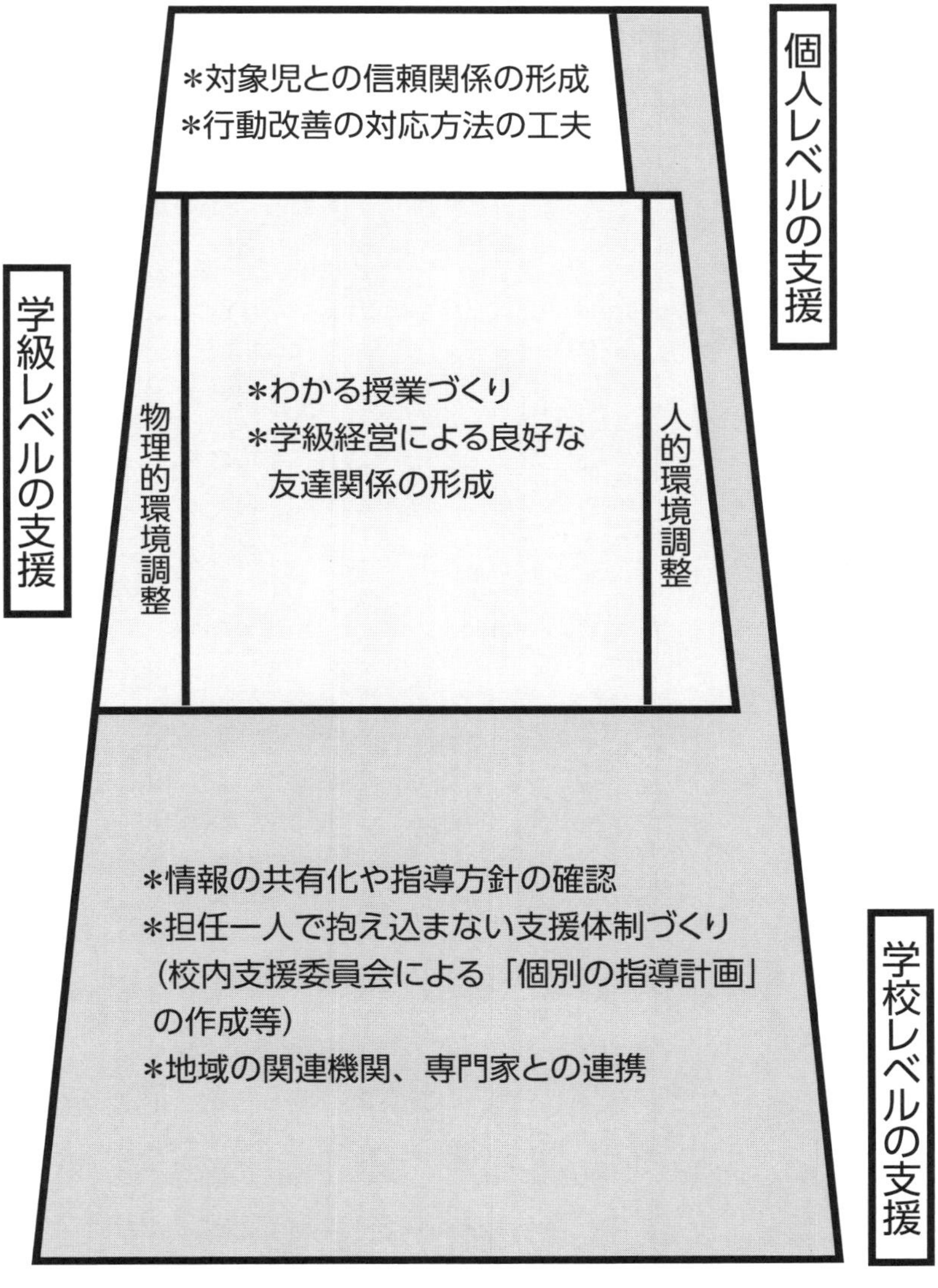
＊対象児との信頼関係の形成
＊行動改善の対応方法の工夫
個人レベルの支援
＊わかる授業づくり
＊学級経営による良好な友達関係の形成
物理的環境調整
人的環境調整
学級レベルの支援
＊情報の共有化や指導方針の確認
＊担任一人で抱え込まない支援体制づくり
（校内支援委員会による「個別の指導計画」の作成等）
＊地域の関連機関、専門家との連携
学校レベルの支援

図４　ＡＤＨＤ児への包括的支援

❸ 個別レベルの支援

ＡＤＨＤ児との信頼関係の形成

黒柳徹子さんの『窓際のトットちゃん』を読んでいきますと、先生との信頼関係が結ばれる瞬間を描写した文章があります。初めに入学した小学校の担任教師から「おたくのお嬢さんがいると、クラス中の迷惑になります。よその学校にお連れください！」と母親に言われ、転校を余儀なくされます（今ではそのようなことは考えられませんが）。そこで、お母さんに連れられて「トモエ学園」に行きます。初めに校長先生と面接がありました。その時、およそ4時間も校長先生がトットちゃんの話に耳を傾けてくれます。その時、トットちゃんは校長先生が好きになってしまいます。

トットちゃんの中のどこかに、なんとなく、疎外感のような、他の子と違って、ひとりだけ、ちょっと、冷たい目で見られているようなものを、おぼろげには感じていた。それが、この校長先生といると、安心で、あたたかくて、気持ちがよかった。（この人となら、ずーっと一緒にいてもいい）。

〈黒柳徹子著『窓際のトットちゃん』講談社〉

担任教師にＡＤＨＤ児がこのような印象を持ってくれればしめたものです。いわば、子どもの心の中に入り込むのです。教育は、教師と子どもたちとの信頼関係がなければ成立しません。このことはすべての子どもについて言えます。しかし、ＡＤＨＤ児の場合、担任教師との信頼関係の成立がことさら重要になってきます。

ＡＤＨＤ児が級友と共に充実した学校生活を送るためには、学級内での自分の行動について、望ましい行動か望ましくない行動かについて適切に判断し行動することが求められます。そのような判断力や行動力を身に付けるためには、その場その場に応じて担任教師の指導や支援が必要とされます。その時、ＡＤＨＤ児本人にその指導や支援を受け入れることができる状態にあることが不可欠です。そのためには、教師とＡＤＨＤ児との信頼関係を築くことがまず優先課題となります。

担任教師との信頼関係がしっかり成立している状態であるなら、少し厳しい指導が必要になった場面でも、ＡＤＨＤ児はその指導を受け入れるでしょう。私はそのような場面を多く目撃しています。

ＡＤＨＤ児との信頼関係を形成する手立て①

ＡＤＨＤ児との信頼関係を築くためには、ＡＤＨＤの障害特性をしっかり理解し、ＡＤＨＤ児特有の困り

感（例：やってはいけないことはわかっているがその行動をコントロールできないという自覚等）や自己否定の意識（例：やっぱり自分はダメなんだという意識）にも目を向け、ＡＤＨＤ児の内面に対する共感的理解を持って接することが重要です。具体的には次のような支援が求められます。

●ＡＤＨＤ児の感情や気持ちを受容する

「つらい」「むかつく」などの感情をまず受け止め、「そうだったのね。だから怒ったのね」などのように子どもの気持ちを表現してあげるようにします。仮にその子どもに非があり、指導が必要であると思っていても、子どもの気持ちをまず受け止めてあげることが大切です。

●ＡＤＨＤ児の気持ちや考えを理解するように努める

子どもがいかなる考えを持っていても、その考え方を確認し尊重することです。同情や迎合することではなく、どのような考え方を持っているかを理解することです。仮に指導が必要と思われる考えでもそれを否定するのではなく、また子どもに譲歩させたり改心させたりすることを優先させるべきではありません。

●支援する側の気持ちを率直に打ち明ける

子どもの望ましくない行動について、指示的な言い方をすることがありますが、担任教師との信頼関係が十分成立していない場合は、そのような言い方についてＡＤＨＤ児は反感を持つことが少なくありません。時として、子どもの行動や態度について、教師がどのように感じているかを率直に伝えることも重要です。例えば、「あなたが、友達を叩いたり蹴ったりするのを見ることが、先生にはとてもつらい」などのように。

ＡＤＨＤ児との信頼関係を形成する手立て②

ＡＤＨＤ児との信頼関係を形成するには、教師側からの働きかけも必要となります。１日の学級生活の場でタイミングを図りながら次のようなことを行ってみたらどうでしょう。

●ＡＤＨＤ児と会話をする機会を多くする

休み時間や給食の時間など、子どもがリラックスしている時に話しかけてみます。話の内容は、学校で楽しかったこと、休日に遊んだこと、興味関心のあることなど、子どもが気軽に話すことができるものなら何でもよいと思います。私が参与観察した学級の担任教師は、給食の時間に、１日ごとに子どもたちの異なる班に行き、班の子どもたちと話しながら会話を楽しんでいました。自然な形でＡＤＨＤ児もその会話の中に入っていました。

●ＡＤＨＤ児と接する機会を多くする

1日の学級生活の様々な場面で、ＡＤＨＤ児と接する機会を多くすることも大事かもしれません。授業中であれば、その子どもが何をしたらよいか混乱している様子を示していたならば、その子どもの席に寄っていき、そっと支援をする。また、授業中に、全員の子どもに話しかけながらも、意識してＡＤＨＤ児の方に視線を向ける。そして、その子どもと視線が合ったならその子どもの目を見てそっと頷く。

あるいは、掃除の時間にその子どもに寄り添って一緒に掃除をする。もし、時間的余裕があるなら、休み時間に、ＡＤＨＤ児も含めて子どもたちと遊ぶことも大切です。

このように1日の学級生活の何気ない活動の中で、ＡＤＨＤ児と接する時間を確保することは、それほど無理なくできることだと思います。

担任教師とＡＤＨＤ児の信頼関係形成のための前提

以上、ＡＤＨＤ児と担任教師との二者間での信頼関係をどのように形成していくかについて述べてきましたが、基本的には学級全体の子どもたちと担任教師との間に信頼関係が形成されていることが前提となります。

教育の出発点においては、担任教師が子どもたちの行動や態度、ものの考え方などを「ありのままに」受容することが大切です。子どもたちにとって、「先生から受け入れられている」という安心感は欠かせないものであり、そこから信頼の基礎がつくられます。

それだけではありません。担任教師と子どもたちとの信頼関係は、日常的な人間的な触れ合いと子どもたちとともに歩む担任教師の姿勢、授業等における子どもたちの充実感・達成感を生み出す指導などを通じて形成されていきます。

松久は、担任教師と学級全体の子どもたちとの信頼関係を形成するためには、子どもたちへの「好意に満ちた語りかけ」が必要であることを指摘しています*16。そのような語りかけの中でも「私は～信じているよ」と「私」を主語にして自分の気持ちを正直に相手に伝える表現方法が大切であると述べています。例えば、子どもが給食の食缶のおかずをこぼした時、「よそ見をしているからでしょ！」と叱責するのではなく、「先生は、あなたはおかずをこぼさずに運べる子どもだって信じているよ」と語りかけられれば子どもは安ど感を得ることができるでしょう。このような「好意に満ちた語りかけ」の積み重ねによって教師への信頼感が醸成される、と述べています。

担任教師の言葉が悪意に満ちていると、学級に冷たい人間関係が定着してきます。反対に教師の言葉に好意が満ちていると、子どもどうしにも少しずつ好意に満ちた行為が育ち、あたたかい雰囲気や友だちと助け合う雰囲気が育ってきます。

信頼関係の成立を阻害する担任教師の行為

ＡＤＨＤ児の担任教師が、信頼関係の成立を阻害する行為を無意識のうちに行っている場合があります。そのような行為を行っていないか、担任教師は自分の行動をチェックする必要があります。

▼間接的な表現で否定する

「○○してはダメ！」とか、「なまけてはいけません」などのように直接的に否定する表現ではなくても、ＡＤＨＤ児が言われるのを嫌がる言葉があります。例えば、「前にも言ったよね」、「やればできるでしょ」などの言葉です。このような言葉は間接的にその子どもの行為を否定していることになります。このような言葉を、無意識のうちに日常的に言っていると、その子どもから担任教師は敬遠されることになります。

▼つい、表情に出してしまう

ＡＤＨＤ児だけでなく、すべての子どもたちは、担任教師の表情や声色に非常に敏感です。先生の愛情が本物か偽物かを本能的に見分ける〝鋭い洞察力〟を持っています。

例えば、特定のＡＤＨＤ児の日常の行動を見て、「困った子どもだ」と

内心思っているとします。口には出さず、内心思っているだけなのですが、つい表情に出ることがあります。子どもはその表情を敏感に読み取ります。そして、「この先生は、僕のことを嫌っているな」と、子どもも内心思うようになります。そうなると、ますます信頼関係を形成することが困難になります。自分の表情や声色を常に意識することが大切です。

▼ＡＤＨＤ児の行動を完全に無視する

私が参与観察した学級では、担任教師が、「困った子ども」の行為を完全に無視するということを行っていました。例えば、「困った子ども」たちを廊下側の一列に集めて座席を固め、授業中にその子どもたちの行為を一切無視していました。ですから、その子どもたちは平然と私語や立ち歩きをしていました。

担任教師と信頼関係がしっかりと形成された状態にあるときには、ＡＤＨＤ児の不適切な行動を時には無視することがあります。しかし、そのような場合でも、不適切な行動をしている時だけ無視をして、その行動をやめたときには、やめたことを褒めてあげるようにします。

まだ担任教師との信頼関係が形成されていない段階で無視をすると、ますます信頼関係を形成することが困難になります。

自己肯定感を持てるようにするための支援

ＡＤＨＤの多くの子どもたちは、幼少の頃より周囲の大人たちから叱責や注意を受けることが多く、褒められる経験が多くありません。学齢期になると「落ち着きがない」「いくら注意してもわからない」「乱暴」等、担任教師から毎日のように叱責されています。また、衝動的な行動をとってしまうことや忘れ物をしてしまうことを、自分自身でも改善したいと思っているのになかなか改善できない、そんな自分に、次第に嫌気がさし「自分はダメなんだ」と自己評価を下げていくことが少なくありません。

私に相談に来る保護者のＡＤＨＤの子どもも、小学1年の1学期の時点で、すでに「自分は死んだほうがよい」と口に出すようになっています。その子どもは、毎日、学級担任から叱責を受けており、毎日のように学級担任から保護者に電話で学級での彼の行動が伝えられています。このような状態が継続すると不登校などの二次障害が生じる可能性が高くなります。

このようなＡＤＨＤ児には、早期から自己肯定感が持てるような関わりが必要となります。適度な自己肯定感を持てるために重要なことは、基本的には日常的に関わる大人（担任教師や保護者）から自分のことを理解され、支援されていると本人が感じられる状態にあることです*17。

子どもの行動を見守り、観察しながら意識して褒める

ＡＤＨＤ児の支援で従来から言われていることは、意図的に「褒める」ことです。褒め方は基本的には学校と家庭では同じはずです。ですから、ペアレント・トレーニングで指導される褒め方が教室内でも行われてしかるべきです。褒めるということには、言葉だけではなく様々な要素があります。効果的に褒めるための基本は次の通りです*18。

●望ましい行動が何であるか子どもにわかるように褒める

子どもの行動に反応して褒めるようにします。いつも机上を乱雑にしている子どもが、ある時、机上を整理していることがあったとします。その様子を見て、「〇〇君の机の上はきれいですね」といって、机上を整理した行動を褒めてあげます。また、授業中にたびたび鉛筆や消しゴム等をいじっている子どもが集中して学習に取り組むことがあったら、「〇〇君、しっかり先生の話を聞いてくれていてくれていますね」とその行動を褒めてあげます。「立派ですね」というような、漠然とした表現で子どもを褒めることは避けるようにします。

子どもが行った行動の中で担任教師が望んでいた行動が何であったかを理解できるように、肯定的にはっきりと言葉にして褒めるようにします。

●褒めるタイミング

以下のうち、子どもを褒めるタイミングはいつがいいのでしょう。
①してほしい行動を始めた時、②してほしい行動をしている時、③指示にすぐに従って行動した時、④自分から主体的に望ましい行動を始めた時、⑤してほしくない行動をしていない時、⑥級友と仲良く遊んでいる時。

正解はすべてです。ＡＤＨＤ児の行動を見守りながらタイミングをつかんで、望ましい行動を行ったなら即座に褒めるようにします。気付いたときが褒めるタイミングです。結果が出るのを待たずに即座に褒めるようにしましょう。

また、ある学校では「**25％ルール**」というルールで、子どもたちを褒めることを行っています。この「25％ルール」とは、望ましい行動を行った時だけ褒めるだけでなく、子どもが「やろう」とした姿勢を示したなら褒めるというルールです。１００％やらなくてもかまわない、25％できたらそのタイミングで褒めるというルールです。

●視線を合わせて、表情や声の調子も穏やかに褒める

子どもと視線を合わせて褒めるようにしましょう。褒めていることを子どもが聞いているのか、それを確認する必要があります。子どもの傍に寄って、子どもの目の高さで、褒めるようにします。また、にっこりと微笑みながら、穏やかな声で褒めるようにしましょう。担任教師のそのような

表情や声の調子から、子どもは安心感を抱き、担任教師が自分のことを受け入れてくれていると実感するようになります。このように穏やかに褒めるということが自然にできるようになるまでは、かなりの努力が必要とされます。

●効果的に褒める

子どもによっては気に入った褒め方があるようです。級友の前で褒められることを好む子どももいますが、逆に「なんだよ！」という強がった反応を示す子どももいます。傍に近寄って周囲の子どもに聞こえないようにそっと耳元で囁くように褒めると、素直に喜ぶ子どももいます。その子にとって効果的な褒め方を考慮しましょう。また、ハイタッチをしながら褒めると喜ぶ子どもたちも多いようです。

●皮肉や他の子どもと比較した褒め方を避ける

皮肉や批判、教育的指導の表現が入らないように注意しましょう。例えば、「やればできるのに」「明日からもこの調子で頑張ってね」「ほら、できると言ったでしょう」というような表現です。このような表現を聞くと、子どもは褒められた気分にはなれません。

また、「クラスで一番だったよ」などと他の子どもとの比較で褒めるのは、他の子どもを低く評価することになりますので、このような褒め方は避けるべきでしょう。同時に、常に一番でなければ褒められないといったメッセージを与える可能性があります。

得意なことを褒める

ＡＤＨＤ児は苦手なことばかりではなく、必ず何らかの得意なことを持っています。その得意な面をクローズアップして、機会をとらえてクラス全員の前で「褒める」ことも大事です。例えば、走るのが得意な子どもには、運動会の時の学級対抗リレーの選手に選び、活躍する場面を作ってあげます。また、イラストを上手に描く子どももいます。描いた作品を級友の前で披露し、褒める機会を持つこともいいでしょう。

ＡＤＨＤ児によっては学校外の地域のサークル活動（例えば、野球、サッカー、空手や合気道、絵画、民謡等）において意外な能力を発揮する子どももいます。そのような能力を発揮することにより自己肯定感を回復するということがあります。そのような能力を教室で級友に紹介して、みんなの前で褒めている担任教師もいます。

このように、日常的に「褒める」ことの積み重ねによって、自己肯定感を失わず、学級生活に溶け込むことができると考えます。そのためには学級生活において、担任教師は次のことに留意する必要があります。

ＡＤＨＤ児に少しでも望ましい行動があったら、それを見逃さないようにすること

ＡＤＨＤ児の得意なことや関心を示していることを日常的に把握すること
生活や学習で活躍できる場を設定すること

学級全体で褒め合う場面を設定する

意図的に褒めるということはアメリカの事例にも紹介されています[*19]。例えば、「いいところ攻撃」というプログラムがあります。子どもを一人ずつ、順番に級友全員の輪の中に座らせ、周りからポジテイブな言葉（「絵がうまい」「紙を分けてくれたから好き」「困っていたとき、助けてくれた」等）を浴びせかけるのです。

私が参与観察した学級でもそのような場面を見ることができました。その学級の帰りの会の風景は次のようなものでした。帰りの準備を全員が終えた後に、ある子どもが黒板の中央に立ちました。残りの子どもたち全員は教室の窓側の壁、廊下側の壁、後ろの壁に列を作って並びました。そして、黒板の前に立った子どもの、好きなところ、面白いところ、優れたところを一人一人簡単に述べていくのでした。この「良いとこ探し」の活動を毎日の帰りの会で行っているとのことでした。

学級の中で一定の役割を与え、感謝の言葉を言う

また、褒め言葉だけでなく、ＡＤＨＤ児に一定の役割を与え、感謝の言葉を言うこともＡＤＨＤ児にとってはうれしいことです。例えば、ＡＤＨＤ児にプリントを配布する役割を与え、子どもた

ち全員に配布し終わった時に、「ありがとう」や「先生、助かった」などの感謝の言葉を言ってあげます。また、ある担任教師は意図的に、職員室にいる教頭先生への連絡メモを持たせ子どもに「お使い」をさせていました。事前に教頭先生と打ち合わせをしておき、連絡メモを教頭先生に渡したら、強調して褒めてもらい、感謝の言葉を言ってもらいます。

また、学級の中ではＡＤＨＤ児が取り組める役割（あるいは係）がたくさんあると思います。そのような役割を果たすことによって　ＡＤＨＤ児は自分も役に立っているという実感を持てるようになり、自己肯定感を持つよい機会になります。

不適切な行動を減らし望ましい行動を形成する支援

ＡＤＨＤ児の学級における不適切な行動が顕著な場合、外部の専門家（研究者や臨床心理士など）に助言を求めて、学級担任と一緒にＡＤＨＤ児に望ましい行動を形成する、ということが行われています[＊15・＊20]。

私も、いくつかの学校から助言を求められ、ＡＤＨＤ児の行動を１日観察し、その後に学級担任や支援スタッフ等と支援方法を検討するということを行っています。その際に採用している支援方法の基本的な枠組みを事例を示しながら以下に紹介していきます。

支援の基本的枠組み

まず、担任教師から指導上困難と感じている行動を複数あげてもらいます。その中から改善したい行動に優先順位をつけてもらいます。最も優先順位の高い行動を改善し、望ましい行動を形成することを支援の目標とします。そして、**図5**、**図6**に示した方法を学級担任と支援スタッフで実践していきます。

休み時間などに級友と遊んでいる時、級友の嫌がること（「バカ！」「あっち へ行け！」「死ね！」など）を衝動的に言ってしまう小学校高学年のＦ君。そのような行動がたびたびあるので、最近、級友から敬遠され、嫌われるようになっていました。担任教師は、このままの状態が継続するとＦ君は学級から孤立した状態になることを懸念していました。そのようなＦ君についての支援方法です。

①　Ｆ君と担任教師、支援スタッフとの話し合いの場を設定します。この頃、級友から避けられているることをＦ君自身が自覚しているかを確認します。もし自覚しているなら、どうして級友に嫌がられることを言うのかを尋ねます。本人も級友の嫌がることを言ってはいけないことを自覚しているが、数人の級友（過去に激しい言い争いをした経験がある）の顔を見ると、つい口に出してしまう、どうしてもコントロールできず困っているとのことでした。

そこで、このままこのような行動を続けていたら自分にとって不利益になることを認識してもらいます。例えば、大きな声で級友の嫌がることを言ってしまうので、それを傍で聞いていた学級の多くの友達から怖がられ、遠ざけられてしまうことを認識してもらいます。

② そのようなことを回避するために、動機付けとして、Ｆ君自身にこのような行動を直そうという気持ちを持ってもらいます。自分の行動を直そうとする意志を自ら持つことが大事です。

③ 次に、行動目標を対象児と一緒に決めます（例：（「バカ！」「あっちへ行け！」「死ね！」の三つの言葉を言わない）。ここで大事なことは、曖昧な表現の目標設定を避けることです。例えば「友だちが嫌がることを言わない」などのような表現です。具体的に、『「バカ！」「あっちへ行け！」「死ね！」の三つの言葉を言わない』と明示したほうがしっかり目標が認識されます。

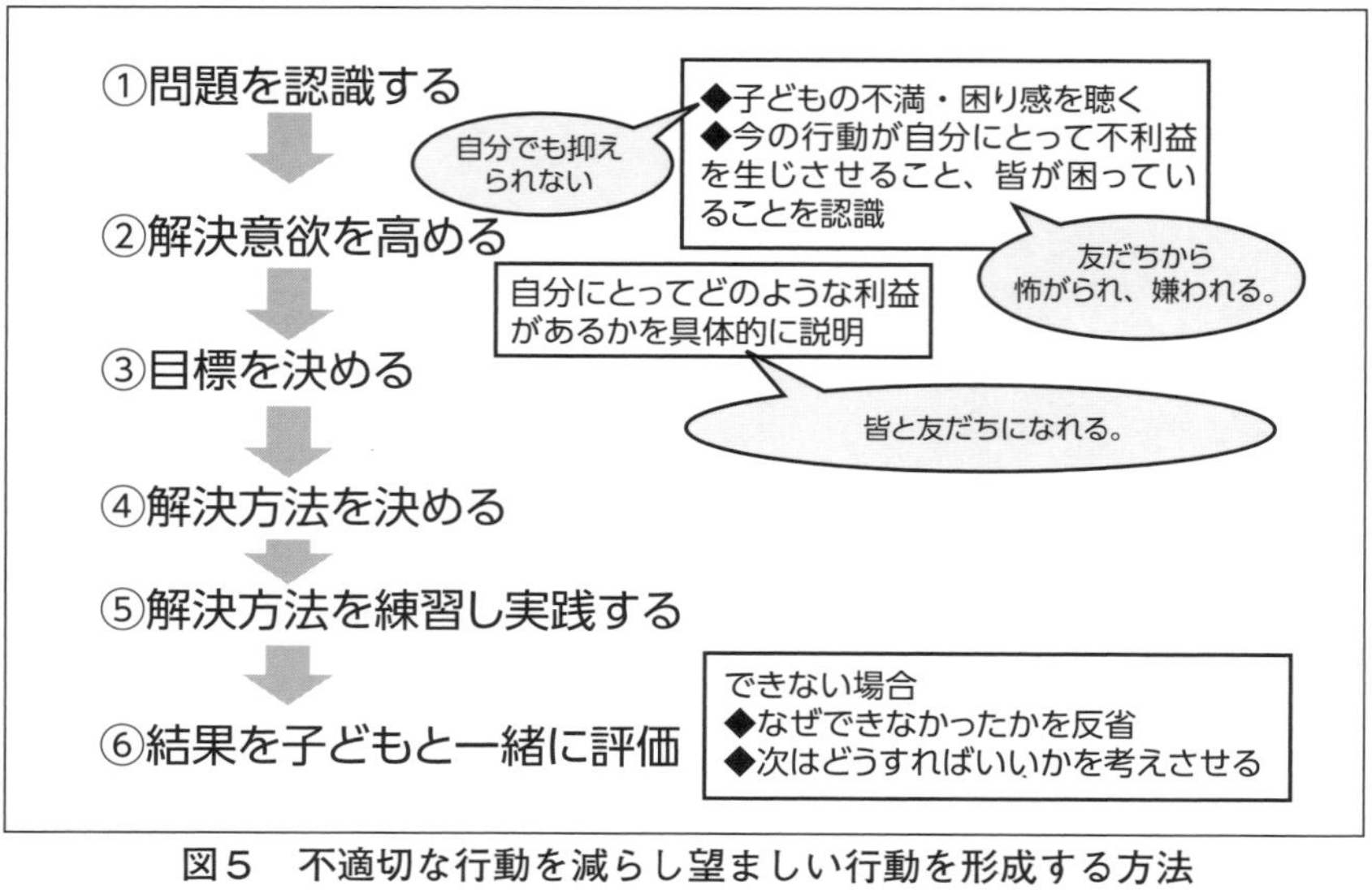
①問題を認識する
◆子どもの不満・困り感を聴く
◆今の行動が自分にとって不利益を生じさせること、皆が困っていることを認識
自分でも抑えられない
友だちから怖がられ、嫌われる。
②解決意欲を高める
自分にとってどのような利益があるかを具体的に説明
③目標を決める
皆と友だちになれる。
④解決方法を決める
⑤解決方法を練習し実践する
⑥結果を子どもと一緒に評価
できない場合
◆なぜできなかったかを反省
◆次はどうすればいいかを考えさせる

図５　不適切な行動を減らし望ましい行動を形成する方法

④　友だちが嫌がることを言わなければ、級友から避けられることはなくなり、級友と仲良く生活できることを理解してもらいます。そして、F君に、この目標達成に向けて努力する意欲を持ってもらいます。どうすれば友だちの嫌がることを言わないようにすることができるか、F君と担任教師が一緒にその方法を考えます。可能であれば本人自身の考えを出してもらいます。なかなか本人では考えが浮かばない時には、担任教師からいくつかの解決方法を提示して選択してもらうようにします。例えば、嫌がることを言ってしまう数名の級友と会ったなら、「口を強く閉じて5だけ数を心の中で数える」「今朝、家で食べてきた朝食のおかずを思い出す」「手のひらに、(言わない)と書いておいてすぐそれを見る」などのような具体的な方法を出します。その中からF君に実行可能な方法を選択してもらいます。

⑤　その方法を担任教師と一緒に数回練習してみます。そのあと、日常の学級生活の中で実際に行ってみます。

⑥　その日その日の自分の行動について、終業後、担任教師と一緒に振り返ります。

学級での1日の支援の流れ

F君の1日の支援の流れは**図6**のようになります。

①　朝、登校したら始業前にF君と一緒に目標行動を確認します。

②　昼休みに、午前中は目標行動が達成されていたかどうかを確認し、再度、目標行動を意識さ

せます。

③　終業後、帰宅する前にF君と一緒にその日の行動を振り返ります。もし目標行動が達成できなかった場合、なぜできなかったのか原因を考え、次にどうすればよいかを一緒に考えます。

④　振り返りの時には、評価のためのシールをカードに貼ってあげます。1カ月分のカレンダーのようなカードを用意しておき、その日に目標行動の生起回数が目標内におさまっていたらシールを貼ってあげます。

シールを貼る際に留意することは、本人の多少の努力でもシールを貼ってあげられるようにすることです。それまで1日のうちに平均5回以上、友だちの嫌がることを言ってい

目標：バカ!、あっちへ行け!、死ね!の三つの言葉を言わない
今週は１日３回の失敗まで許容（設定基準）。３回以内ならシール
①始業前に教師と「目標」を確認。
②昼休み時間に再度「目標」を確認。
③終業後、教師と一日の行動の振り返りをする。
＊失敗が設定した基準以内に抑えられたか　＊失敗したのはなぜか?
＊どうすればよかったのか?
④設定した基準の範囲以内にとどまったらシールをもらう。
家族との打ち合わせが必要
シール表を自宅に持ち帰り、両親から評価を受ける
（開始時は週５日のうち３日分のシールが貼られればご褒美）

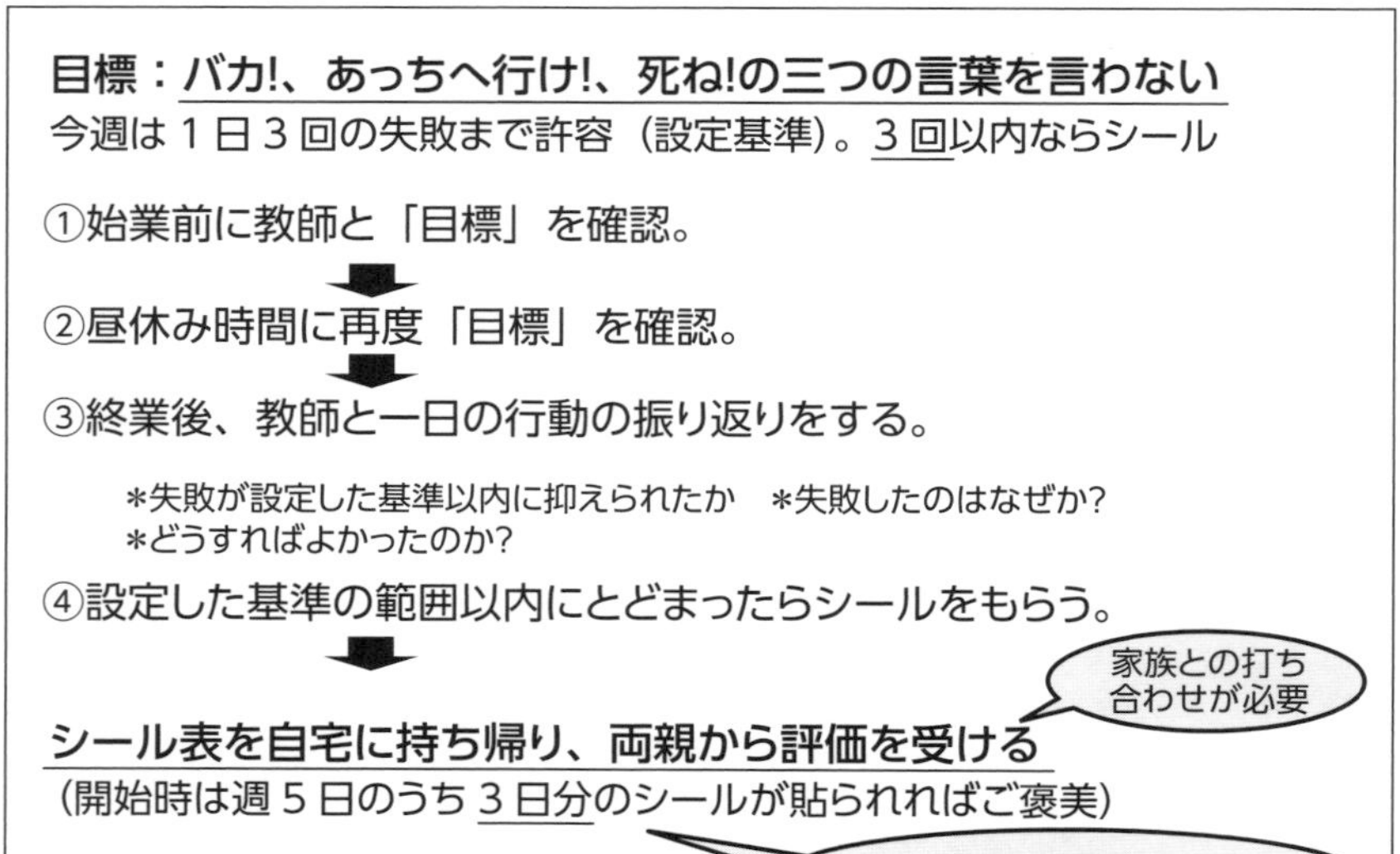
段階的に日数を多くしていく

図６　１日の支援の流れ

た場合、支援開始直後には、その回数が3回以内におさまっていたらシールを貼ってあげるようにします。つまり達成目標のハードルを低く抑えてあげるのです。このような配慮をするのは、初めから達成基準を高く設定した場合、なかなかシールを貼ってもらえずに本人がやる気を損う危険性があるからです。

徐々に友だちの嫌がることを言う回数が少なくなってきたら、漸次的に目標回数を少なくしていき、最終的には1日のうちに友だちの嫌がることを全く言わなかった場合にシールを貼るようにします。

担任教師から評価を受けたシールカードを自宅に持って帰り保護者からも評価を受けます。そして、週末には目標が達成できたら、本人の喜ぶご褒美を保護者から与えてもらいます。これを**バックアップ強化子**と言います。

このバックアップ強化子を決める際には、子どもの希望を聞いてそれを尊重するようにしましょう。私が相談を受けたADHD児は、ホルモン焼きが好きで、土曜日に焼き肉屋で食事をすることを希望していました。また、ある子どもは大衆銭湯が好きで、週末に銭湯に連れて行ってもらっていました。少しずつお金をもらって、それを貯金して欲しいものを買っていた子どももいます。

家庭でのご褒美の与え方にも工夫が必要です。1週間のうち何枚担任教師からシールをもらえたら家庭でご褒美をもらえるようにするかを考えます。例えば、支援開始直後には、週5日のうち3枚以上、担任教師からシールがもらえたら、家でご褒美をもらえるようにします。この枚数を段階的に多くしていき、最終的には1週間のうち毎日シールをもらえなければご褒美をもらえないようにします。ご褒美をもらえるシールの獲得枚数を段階的に増やしていくのです。

望ましい行動を形成する支援のポイント

以上の支援方法で重要なことは、ＡＤＨＤ児本人に、自分の行動を改善しようという意識、不適切な行動をコントロールしようという意識を持たせ、目標行動を達成しようとする意欲を形成することです。

ＡＤＨＤの障害を生来的に持っているから、衝動性はコントロールできないということはありません。成人にもＡＤＨＤの障害を持っている人は一定数いますが、その人たちは成長する過程で、自分なりに、自分の行動をコントロールする方法を見つけ、社会生活に適応しているのです。自分の行動をコントロールする方法を担任教師と一緒に見つけ、その方法を学級生活の中で身に付けていくことが望まれます。

ＡＤＨＤ児に望ましい行動を形成させるための支援のポイントをもう一度整理します。

◎どのような行動を改善したいかを決定する場合に、優先順位を決める

おそらく、改善したいと思う気になる行動はたくさんあると思います。授業中に大声を上げる、立ち歩きをする、友だちの嫌がることを言う等の行動です。しかし、それらの行動を一気に改善しようとすれば、結果的に、〝アブハチとらず〟になってしまいます。ですから、緊急的に改善の必要がある行動を一つか二つに絞り込んで、支援することが望まれます。

◎本人に自分の行動を改善（コントロール）しようとする意識を持ってもらう

担任教師から、あるいは保護者から一方的に押し付けられただけでは、改善しようと思ってもなかなか意欲が湧かないものです。本人が納得したうえで、主体的に取り組むという姿勢が大事です。

◎自分から改善しようという意欲を持つためには、今までの行動を継続していたら、自分がダメになってしまうという問題意識を持ってもらう

ＡＤＨＤ児には自分の不適切な行動をなくしたいと思っている子どもが少なくありません。そのような気持ちに共感しながら問題意識を持ってもらうようにするのです。あるいは、自分にとって不利益になるという意識を持ってもらうことです（Ｆ君の例では、「このままだと級友に嫌われて孤立してしまうかもしれない」という問題意識）。

◎改善すべき具体的な目標行動を明示する

ＡＤＨＤ児が実際にどのような行動をとればよいか、わかりやすい表現で示してあげることが大事です。Ｆ君の例では、『「バカ！」「あっちへ行け！」「死ね！」の三つの言葉を言わない』という表現です（以下、「三つの言葉を言わない」）。

◎目標行動を達成するために、具体的に自分はどのような行動をとったらよいか、その解決方法を担任教師と一緒に考える

Ｆ君の例なら、嫌いな級友と会ったら、「口を強く閉じて5だけ数を心の中で数える」等。

◎望ましい行動が行えたか、時間的間隔をあまり置かないで評価する

Ｆ君の例なら、午前中の評価を昼休み中に行うことです。もっと時間的間隔を短くすることが必要ならば、1単位時間が終了した後に行うことも考慮に入れます。その際には、支援スタッフにも手伝ってもらうようにしましょう。

◎1日の自分の行動について担任教師と振り返りの時間を設ける

1日の振り返りを行い、担任教師から評価してもらいます。そして、バックアップ強化子（ご褒美）を得るためのシールを貼ってあげます。バックアップ強化子を得ることが、自分の行動を改善しようとする意欲を持続させることになります。

自分の行動を振り返りやすいように、「自己評価表」を用意することも必要になってくるでしょう。例えば、上述した「三つの言葉を言わない」の事例の場合、**図7**のような「自己評価表」が用意されます。この表の各項目に、三つの言葉を言ってしまった回数を記入していきます。そのようなことがなく目標行動が達成されたときには◎印を記入していきます。

◎家庭でバックアップ強化子（ご褒美）を子どもに提供するよう協力を求める

保護者の多くは学校で示している自分の子どもの不適切な行動がなくなってほしいと願っています。これから学級で行う支援について、保護者に説明して理解をいただきます。そして家庭で、経済的に無理のない範囲でご褒美をあげることをお願いします。家庭と連携して、不適切な行動を減らし、望ましい行動を形成していくのです。

書面に記して自分の行動をコントロールする意識を強化する

自分の行動をコントロールするための行動管理法の一つとして**行動契約法**という方法があります。ＡＤＨＤ児と担任教師との間で、不適切な行動を減らし、望ましい行動を形成するために、どのような行動を行うべきかを書面に表して約束をするのです。ある種の契約書を作成するのです。

小学３年生のＡＤＨＤ児の例です。授業中や休み時間に、級友の文房具（消しゴムや鉛筆、色鉛筆など）を衝動的にとってしまいます。とられた級友は怒ってそれをとり返そうとします。それに対して、ＡＤＨＤの子どもは、「貸してもいいだろう！　ケチっ！」と言ってトラブルになってしまいます。そのような状態が続いたので、担任教師は、

「バカ!」「死ね!」「あっちへ行け!」を言わない

	休み時間1時間目と	2時間目	業間タイム	休み時間3時間目と	4時間目	給食時間	昼休み時間	休み時間5時間目と	6時間目	帰りの会	合計
言った回数	◎	◎	◎	◎	◎	◎	2	◎	◎	◎	2

＊言わなかったら　◎

先生のコメント

昼休みの時間、残念でしたね。夢中になって遊んでいる時、気を付けましょう。

図７　「自己評価表」の例

図８に示した行動契約書を作成して、その子どもが勝手に級友の物を取ろうとする行動を少なくしたいと考えました。

　この行動契約法を行うためには、その子どもと担任教師との①**信頼関係が成立していること**を前提としています。そして、このような行動をとると級友が嫌がること、自分が級友から嫌われてしまうことを②**認識するための話し合い**をします。その後、その子どもが③**納得したうえで図８**のような契約書を作成します。

　書面には「してはいけない」ことでなく、④**「どのようなことをすればよいか」を記述**するようにします。この事例の場合は、「級友の物を勝手にとるのはいけない」ということではなく、「級友のものをとるときには〝かして！〟と言うようにすること」、そして、もし勝手にとってしまったなら「あやまること」を記述します。そして、⑤**約束が守**

約　束

ぼくは、次のことを約束します。

1)　友だちの物を借りるときは、「かして!」と言ってから借ります。

2) 友だちの物をだまってとってしまったときは、「ごめんなさい」と
あやまります。

●このことができれば、1回につき1枚のごほうび券をもらえます。
●ごほうび券が 10 枚以上たまったなら、パソコン教室で好きな学習ソフトを楽しめます。

ぼくはがんばってこの約束を守ります。

名前　（　子どもの氏名　）（　担任教師の氏名　）

日付（　）年（　）月（　）日

図８　ＡＤＨＤ児に対する行動契約の例

れた時にはどのようなご褒美がもらえるかも記述します。

この事例の場合は、望ましい行動をしたなら「ごほうび券」をその都度あげます。実際には、支援スタッフがその子どもの行動を見守り、望ましい行動が行われたときに、「ごほうび券」をあげていました。その子どもは、パソコン教室に用意してある学習ソフト（ゲーム感覚で楽しめる学習ソフト）で学習することが好きでした。それをバックアップ強化子にしたのです。

この行動契約法を行う場合、毎朝、始業前に子どもに行動契約書を読んでもらい、自分がどのような行いをすればよいかを確認するようにします。またその子どもの1日の行いがどうであったか、担任教師は子どもと一緒に振り返りをすることが大切です。

不適切な行動を減らし望ましい行動を形成する際に適用される行動療法の考え方

特別支援教育対象の子どもたちに**行動療法**を適用することは従来から行われてきました。発達障害児が特別支援教育の対象になってからも、彼らに行動療法を適用した支援が学校教育の現場で行われています。

行動療法は、心理学の研究成果を活用した手法です。対象となる子どもたちの不適切な行動を減らし、適切な行動の習得を促進することを目指して実施する手法です[*21]。行動療法にはさまざまな技法があります。そのうちでも、ＡＤＨＤ児の不適切な行動を減らし、望ましい行動を形成するために役立つ技法を紹介します。

●**正の強化法**

正の強化法とは、学術的な言葉で表しますと「好ましい事象・刺激が行動の結果として提示され、それによってその行動を増加させる手法」のことです。もう少しかみ砕いて言い表すと、ある行動の直後に本人にとってうれしいことがあったり（提供されたり）すると、その行動がその後も起きやすくなることを適用した手法です。

例えば、ある子どもが学校を来訪したお客さんと廊下ですれ違ったとき、元気に挨拶をしたとします。それを見ていた先生が「○○君、お客さんと挨拶して立派だね」と褒めたとします。この場合、○○君が褒められてうれしいと感じれば、その後も、お客さんに対して挨拶をする可能性が高くなります。

ADHD児に対して「褒める」ことを推奨するのは、その子どもの自己肯定感を高めるという意図もありますが、望ましい行動を形成するのにも役立つからです。その際、留意すべきことは、望ましい行動が起きたら即座に、本人の喜ぶこと（**正の強化子**と言います）を提示することです。

●**低率行動の分化強化**

低率行動の分化強化は、本来は不適切な行動を減らす目的で適用される方法です。ADHD児に不適切な行動が顕著に表れた時に、短期間でその行動をなくすことはなかなか困難なことです。その際に、少しずつ段階的に不適切な行動を減らしていく方法がとられるのです。この方法を採用する前に、あらかじめ達成基準を設定しておき、不適切な行動が表れたとしてもその達成基準を下回っていれば正の強化子を与えるのです。そして、徐々に事前に定める達成基準のハードルを高くしていくのです。そして、不適切な行動が表れる頻度を少なくしていきます。

前述の「友だちが嫌がることを言わない」のF君の事例はこの方法を適用しています。この事例では、初めの段階では「1日3回以内」まで、「バカ！」「あっちへ行け！」「死ね！」の三つの言葉を言ってしまっても強化子が与えられます。このような達成基準を設定するのは、普段の子どもの様子から判断して達成に無理がないようにするためです。そして徐々に達成基準のハードルを上げていき、最終的には一日中、友だちの嫌がる言葉をまったく言わなくなったら強化子を与えるようにします。

●対立行動分化強化

対立行動分化強化は、不適切な行動と両立しない望ましい行動に対して正の強化子を与え、不適切な行動を減らしていく方法です。例えば、ADHD児で授業中に頻繁に立ち歩き（不適切な行動）する子どもがいます。その子どもが授業中に、自分の席に座って学習に取り組んでいる（望ましい行動）様子を担任教師が目にした時、担任教師は、「○○君、ちゃんと座って勉強しているね。立派だよ」と褒め言葉（正の強化子）を与えます。このことが繰り返されることによって、徐々に不適切な行動が少なくなっていき、反比例的に望ましい行動が形成されていきます。

●トークンエコノミー法

トークンエコノミー法は、ＡＤＨＤ児支援において最も多用されている方法です。トークンとは「代用貨幣」のことです。本来それ自体は価値を持っていません。しかし、トークンと実際に価値あるものと交換できることを積み重ねることによって、はじめは無価値だったトークンも価値を持ってきます。トークンとして使用されることの多いものは、シール、スタンプ、〇印などです。

このトークンエコノミー法を用いる意義は、次のようなことです。望ましい行動を増やしたいときには、望ましい行動が起きたなら直後に褒める（正の強化子を与える）ことが原則です。しかし、授業中や集団行動の場面ではそれが困難な場合があります。そういう場合に、後でご褒美を与えることを思い出させるものとして、トークンは機能します。

前述した、「友だちが嫌がることを言わない」の事例でもトークンエコノミー法が適用されています。

トークンと交換される「実際に価値あるもの」（バックアップ強化子）を与える場は、実際には学校で行うことは困難が伴うため、どうしても家庭に依頼しなければなりません。ですから、バックアップ強化子を何にするか決める際には、本人の希望を聞きながら、保護者と相談して家庭で現実的に用意できるものにします。

トークンとバックアップ強化子は実際に交換されることによって意味を持つのですが、その場合の交換比率に留意しなければなりません。トークンの数が少なくてバックアップ強化子が容易に与えられると、トークンエコノミー法が機能しなくなります。一方で、貯めるべきトークンの数が多すぎるとなかなかバックアップ強化子をもらえず、やる気が下がってしまいます。その結果、途中で望ましい行動を身に付けることを諦めてしまうかもしれません。

学習のつまずきへの支援

教科学習における学習の取り組みの状況はＡＤＨＤ児によって様々です。授業中に担任教師の話をあまり聴いていないように見えても、テストをしてみると学級の平均点以上の成績をおさめるＡＤＨＤ児もいます。一方で、聞いて理解することは可能ですが、読むことに困難を伴うという、学習障害（以下、「ＬＤ」）の様相を示す子どももいます。ＡＤＨＤ児の中にはＬＤを併せ持っている子どもが一定数いることが知られています（Ｐ37参照）。また、知能指数が80前後の数値を示し、全体的に1～2学年下の学習能力を示す子どももいます。

こうしたＡＤＨＤ児は、字が汚い、宿題をやってこないという理由で、保護者や担任教師からたびたび叱責を受けてしまいます。高学年になると「勉強ができない」ということも自己肯定感を下げる一つの要因になってしまいます。このため行動面への支援だけでなく、学習のつまずきへの支援も必要になってきます。実際に行われているＡＤＨＤ児への学習支援の一部を紹介します。

注意集中困難による学習のつまずきとその支援

ＡＤＨＤ児の学習のつまずきをもたらす大きな要因として、読みの誤りがあります。ＡＤＨＤの特徴である注意欠如・不注意により、単語の一部だけを見て判断した読み誤り（例：小学生→しょうがっこう）、及び文字を抜かしたり行を飛ばす読み誤り（例：大玉ころがし→おおだまころし）が生じてしまいます。

このような読み誤りへの支援として、担任教師の多くは、次のような方法で支援を行っています＊22。

●下敷きや定規を使う、指でなぞる

下敷きや定規を、読んでいる文の傍にあてがって、今、読んでいる箇所がわからなくなることを防ぐようにします。この方法は、目立ちますので高学年になると嫌がる子どももいます。そのような場合は、行に指をあてがいながら読むことを勧めます。

●マーカーを使う

大切だと思った箇所に、読みながらマーカーで下線を引くことを習慣化させます。マーカーを手にしていると、大切なところを見つけながら読むという意識が働き、集中力が増すようになります。

●1行だけが見えるようにした枠を使う

他の行が見えないように厚紙で1行だけが見えるような枠を使います。この枠を使うことによって、読みたい行だけに視点を集中することができます。このような枠は市販されており、「リーディングトラッカー」といって、枠の中にカラーフィルムがかけられています。

ＬＤを併せ持つＡＤＨＤ児への学習支援

ＬＤを併せ持つＡＤＨＤ児への学習支援は、基本的にはＬＤ児への学習支援と同じです。その子どもの認知の特性を生かした「個別の指導計画」を作成し、支援します。ＡＤＨＤ児によっては特定の教科の学習だけに困難を示す子どもがいます。教科の学習の困難の程度に応じた指導の形態とそのための場が必要となります。

困難の程度が比較的軽い場合は、通常学級で担任教師が配慮しながら支援をしなければなりません。通常学級での配慮的な支援によって、学習の困難が克服されない場合は、さらに個別的な支援が必要となってきます。例えば、「通級による指導」の対象として、通級指導教室において、その子どもの認知能力の特性に応じた支援をすることが望まれます。

●通級指導教室における学習支援

通級による指導は、**自立活動**註6を主として、必要に応じて教科の**補充指導**も行うことができます。

ＬＤ児の通級による指導は、学力の基礎向上を目的としていることが多く*23、通常学級で十分に習得できなかった教科の内容を補充的に指導されることが多いようです。例えば、次のような事例があります*24。

【算数の筆算につまずきを示す子どもへの支援の例】

ＡＤＨＤの傾向を示す子どもを対象とした事例です。不注意の傾向が強く、割り算の筆算について、手順通りに計算することが苦手な状態でした。通級指導教室の教師は次の２つの支援方法を用いて支援を行っています。

○筆算の手順が書かれたカード（**手順カード**：「①立てる」➡「②かけて」➡「③ひいて」➡「④おろす」・・・）を手元に置いて、手順を確かめながら計算する。

○筆算の数字を書く位置が計算用紙の紙面でわかるように、手順に合わせて示したシート（**筆順シート**）を使って計算する。

【板書のノートへの視写に困難を示す子どもへの支援の例】

目で見たことを覚えておくこと（視覚的記憶）の弱さを示す子どもを対象とした事例です。その子どもは、通常学級で板書をノートに写すことに困難を感じていました。ノートに書き写すことが授業時間や休み時間を使っても終わらず、級友からノートを借りて、自宅で写すということを行っていました。

通級指導教室の教師は、タブレット端末で板書を撮影し、それを手元に置いてノートに写すことをその子どもに試してみました。その結果、ノートに書き写しやすくなり、また学習に効果的であることがわかりました。その後、通常学級の授業においてもタブレット端末を使用することになりました。

このように、通級指導教室ではＡＤＨＤ児の学習のつまずきの状態に応じた教科の補充指導が行われています。補充的指導だけでなく、**予習的な指導**も行われています[*23]。読みにつまずきを示す子どもには、事前学習として、国語の教科書の題材をあらかじめ通級指導教室で読むようにします。その時に、読めない漢字には読み仮名をつけるようにします。このような予習的な支援により、通常学級での学習の取り組みが改善されると思います。

また、ＡＤＨＤ児には書きにつまずきを示す子ども一定数います。漢字の書き方がどうしても覚えられない、どうしても整った字形を書けない、という状態を示す子どもたちです。このような子どもたちには、通級指導教室において、早期の段階からワープロの指導を行うようにします。口頭で整った文章を言える子どもには、作文などの長い文章を書くときには、ワープロを使用することを促します。

いずれの場合も、その子どもの学習のつまずきをしっかり把握して、通常学級の担任教師と通級指導教室の担任の話し合いによって、**個別の指導計画**を作成することが求められます。

●家庭学習の仕方を工夫する

ＡＤＨＤ児の保護者を悩ませることの一つに学校からの宿題があります。家庭で子どもを宿題に取り組ませることに非常に多くの労力を費やしているようです。よくある宿題は漢字の練習の宿題です。例えば、10の新出漢字をそれぞれ10回ノートに練習する、という類の宿題です。書字につまずきを示すＡＤＨＤ児には、このような宿題は大きな苦痛になります。

ＡＤＨＤ児の学習のつまずきの状態に応じて、その子どもが家庭でも取り組みやすい宿題を出すことが望まれます。例えば、現在では様々な学習アプリが開発されています。漢字学習アプリもたくさん開発されており、学習に取り組みやすいように非常に工夫されています。漢字の宿題はノートに書く課題ではなく、漢字学習アプリを使用した課題を出すようにしたらどうでしょう。その宿題に取り組めたかどうかは、保護者にきちんと評価してもらい連絡帳に記録してもらいます。

算数の学習アプリも数多く開発されています。たし算、引き算、掛け算九九など、ゲーム感覚で取り組めるアプリが用意されています。

家庭にタブレット端末やパソコンがあったら、予習的な学習も可能です。例えば、**ＤＡＩＳＹ教科書**[註7]を使用しての家庭学習です。このＤＡＩＳＹ教科書は、義務教育で使用されているほとんどの教科書と対応しており、教科書の文章がそのまま画面に現れ、その文章を読み上げるという機能を持っています。文章を読み上げるときには、読み上げている文字がハイライトされます。

読みにつまずきを示す子どもの中で、聴いて理解することが可能な子ども（聴覚情報の処理能力が機能している子ども）には、このＤＡＩＳＹ教科書を予習に使用することができます。教科書の内容を読んで理解するのではなく、聴いて理解するようにするのです。読み上げる音声を何度か聴いて、内容が理解できたら、今度は、ＤＡＩＳＹ教科書の画面に現れる文字を見ながら、聴いていきます。読みがわからない漢字があればふり仮名をつけていきます。

このＤＡＩＳＹ教科書を導入する際には、あらかじめ通級指導教室などで、この教科書の操作の仕方を学習することが望まれます。

❹ 学級レベルの支援

「学級づくり」が機能することによるＡＤＨＤ児への影響

級友とのトラブルが絶えないあるＡＤＨＤ児が在籍する小学2年の学級を参与観察しました。授業の間の休み時間の子どもたちの様子です。子どもどうしでトラブルが生じたようで、男の子が泣き出しました。すると、傍にいた別の男の子が担任教師のところに行き、何かを訴えています。担任教師は泣いている男の子に近寄り、泣いた理由を聞いています。今度はその子を泣かせた子どもを呼び寄せて、その子の話を聞いています。その学級では、給食後の休み時間にもまた子どもどうしのトラブルが起きていました。担任教師は子どもたちの仲裁に多くの時間を割いていました。

一方、ＡＤＨＤ児が在籍している学級で、子どもどうしのトラブルがほとんど観察されない学級もあります。休み時間には、ＡＤＨＤ児も級友の中に入ってトランプで一緒に遊んでいます。ＡＤＨＤ児がトランプのルールをあまりよく理解していない様子を見せても、一緒に遊んでいる子どもたちはＡＤＨＤ児の動きを見守って待っていてくれます。給食後の休み時間にも、校庭で級友とボール遊びをしていました。

ＡＤＨＤ児が在籍する学級を数多く参与観察した経験から、級友どうしの関係がうまく築かれ、「学級づくり」が良好に機能することによって、ＡＤＨＤ児の不適切な行動がコントロールされると私は考えています。級友と良好な関係を築きながら学級生活を送っていけることを実証するような研究もあります。

武蔵・河村は、学級集団の機能が高ければ、特別支援の必要な子どももその他の子どもたちも互いに助け合い、声をかけ合う学びの生じる学級になることを明らかにしています[*25]。調査では、「**学級満足度尺度**」と「**学級集団教育的相互作用測定尺度**」によって、「学級づくり」がうまく機能しているかを評価しています。

まず「学級満足度尺度」において、子どもたちが学級生活において満足感や充実感を感じているか、自分の存在や行動を級友や担任教師から認められているか否かに関連して、「承認」という項目を設定しています。また、不適応感やいじめ、冷やかしの有無と関連して「被侵害」という項目も設定しています。そして、「承認」と「被侵害」の両方について、特別支援を必要とする子どもと他の子どもたちについて調査しました。同時に、子どもたちの間の相互作用の状態を評価するために、「学級集団教育的相互作用測定尺度」によって、子どもたちの心理的資質についても調査しました。

その結果、学級集団で建設的で良好な相互作用が高まっている場合は、特別支援を必要とする子どもと他の子どもたちのどちらも「承認」の得点が高まっており、「被侵害」の得点が低くなっていることが明らかにされました。

すなわち、そのような学級は特別支援の必要な子どもも学級生活に満足感や充実感を感じており、自分の存在を級友や担任教師から認められていると感じているということになります。また、不適応感やいじめ、冷やかしも少ないということになります。

ＡＤＨＤ児を含め、個性豊かな子どもたちが心地よく一緒に生活したり学習したりするためには、一人一人に自分の「心の居場所」が必要であり、周りに認められているという安心感があることが不可欠です。学級集団の機能が高まっていれば、ＡＤＨＤ児にとっても自分の存在や行動を級友や担任教師から認められているという実感が持て、在籍する学級が「心の居場所」となります。その結果、ＡＤＨＤ児も安定した学級生活を送ることができるものと考えます。

学級の規範・ルールによる「学級づくり」

学級集団の機能を高めるためには、子どもどうしのより良い人間関係を形成することが不可欠です。そのためには、子どもたち一人一人が自分自身を肯定的に認める、級友に対して寛容的になる、級友との関わりの中で自分自身の考えや意見を尊重してもらいたいように級友の考えや意見も尊重する、ということが前提となります[*26]。このような前提を学級のすべての子どもが理解し、日常的に行動できるように、多くの学級では学級のルールを作成しています。

学級のルールを決める時は子どもたちの話し合いで

例えば、小学校低学年の場合、「①友だちが間違ったことを言ったり、できなかったりしても笑わない。②言葉づかいを丁寧にする。③遊びの合言葉は〝入れてね〟と〝いいよ〟。」というルールを作っている学級があります。

また、日常的な学級のルールとして「①友だちに元気よく挨拶する。②〝はい〟という返事と、〝～です〟と丁寧に話す。③友だちの名前に〝さん〟〝君〟をつけて呼ぶ。④うれしいとき、がんばったときはみんなで喜ぶ。」というような具体的な表現でルールを作成している学級もあります。

学年の始めに、この学級のルールを決める場合、どんな学級にしたいかを子どもどうしで話し合わせ、それをベースにして学級のルールを自分たちで決めることが重要です。ルールの内容は担任教師からの一方的な押し付けではなく、学級の子どもたち全員が納得できるようにじっくり話し合って決めることが望ましいと思います[*27]。学級のルールを決めたら、そのルールがしっかり守られているか、自分たちで振り返ることが求められます。日常の学級生活の中で確実に行動として定着するまで、帰りの会などで振り返りの話し合いの場を継続的に設定することが重要です。

話し合いにより学級のルールを決めることのＡＤＨＤ児への影響

その話し合いには、ＡＤＨＤ児も学級の一員として参加しなければなりません。担任教師が提示したものではなく、自分たちで作ったルールであるから、しっかり守ろうという意識が形成されます。また、級友たちが学級のルールを守って生活している姿を見て、その姿に影響されてＡＤＨＤ児も自然に学級のルールを守って行動し、より自律的な行動を身に付けさせることが可能となります。

私が参与観察した学級でも、子どもたち全員が学級のルールを守れている学級では、ＡＤＨＤ児も他の子どもたちと同様に学級のルールを守って行動している姿を見ることができました。

もしＡＤＨＤ児が友だちの考えを無視した行動をとったとき、担任教師は学級のルールを示して、それが守れているかどうかを考えさせることができます。学級全体の子どもたちに向けたルールとして振り返らせることにより、個人が注意されたり、叱責されるということを避けることができます[*28]。

ＡＤＨＤ児がどうしても学級のルールから逸脱してしまう時の対応

以上のように、ＡＤＨＤ児において、学級のルールを守ろうとする意識はある程度形成されますが、多動性が顕著な子どもの場合、授業中に自分の動きをコントロールすることが困難な状態に陥ることがあります。そのような場合は、担任教師とＡＤＨＤ児本人とで約束を決めて、教室外に出ていくのを許容することも検討しなければなりません。教室外に出ていく場合、行き先を、図書室や保健室、あるいは職員室など、教職員がいつもいる場所に特定しておきます。ＡＤＨＤ児本人には、「保健室に行っていいですか？」「図書室に行っていいですか？」というカードを渡しておき、教室内で自分をコントロールできなくなった時に、そのカードを使用させます。そのようなカードを１日無制限に使用させるのではなく、使用回数を決めておき、その範囲内で使用を認めます。段階的に、その回数を少なくしていく方法をとることが望ましいと思います。

学級レベルのSSTによる「学級づくり」

小・中学校の通級指導教室や大学の研究室において、発達障害児を対象としたSST（Social Skills Training）が行われてきました。一方で近年、通常学級の全員の子どもたちを対象としたCSST（Classwide Social Skills Training）も実施されるようになっています。

CSSTが学校現場に導入されるようになった背景

学級レベルでCSSTが行われるようになった背景には、学校現場において、不登校、いじめ、学級崩壊、校内暴力といった学校不適応の問題が顕著に表れるようになってきていることが背景にあります。このような問題発生の主要な要因として、級友や教師との人間関係を築けない子どもたちが多くなっていることが指摘されています。

対人関係を円滑に運ぶための知識と具体的な技術、すなわち社会的スキルは家庭生活や学校生活を送る中で、様々な経験を通して自然に身に付けるものと考えられています。しかし、少子化、核家族化、地域での人間関係の希薄さなどにより、他者と関わる生活体験や社会体験ができる場が減り、社会的スキルを学習する機会が減っている、という現状があります[＊29]。

　このような背景から、学校教育現場の諸問題の発生を予防するという観点、及び子どもたちの社会的スキルの発達を適切に促すという観点から、特定の子どもだけではなく学級に在籍するすべての子どもたちにＣＳＳＴを実施する取り組みがなされるようになったのです。ＣＳＳＴは障害のない子どもたちだけでなく、通常学級に在籍するＡＤＨＤ児にとっても教育的意義のある取り組みです。

小集団ＳＳＴの問題点

　ＡＤＨＤ児に対しては、上述したように通級指導教室や大学の研究室において小集団としてＳＳＴが実施され、その効果も検証されてきています。そのようなＳＳＴは一般的に、日常の生活の場でない特定の場所で行い、特定の時間にだけ触れ合う仲間と一緒に行われます。このような形態で実施されるＳＳＴの問題も指摘されています[＊30]。

　それはＳＳＴ終了後に般化が起こりにくいという問題です。すなわち、小集団ＳＳＴの場では子どもたちの行動に変容がみられるが、実際の生活の場（家庭や学校）でも変容がみられるというわけではない、という問題です。

小集団SSTの問題を解決するCSST

般化の問題を解決する一つの方法としてCSSTの導入が考えられています。

CSSTの特徴は、学級という枠組みを活用して学級内の子ども全員を対象としてSSTを実施する点にあります。学級は、子どもたちが日常的に級友との関わりを通して様々な対人場面を経験している場です。つまり学級は、子どもたちが対人関係を維持していくうえで必要とされる社会的スキルを学習する絶好の場といえます。

CSSTで学習した社会的スキルが、そのまま学級内で日常的に使え、般化の問題は軽減されるというメリットがあります。さらに、ADHD児の社会的スキルの向上が級友たちに認知されやすくなるので、級友による社会的受容が促進されるというメリットもあります。

CSST実施の流れと実践のポイント

CSSTの流れは、基本的には、「教示」➡「モデリング」➡「リハーサル」➡「フィードバック」の順に構成されています。小学4年の37名の学級を対象としたCSSTの例を以下に示します*30。

担任教師が学級での日常の行動を観察して、子どもたちに欠けていると思われる社会的スキル、及び子どもの実態や発達段階などを考慮して目標スキルを複数選定して指導します。その中の一つである「じょうずなたのみ方」の例です（**図9**参照）。

まず子どもたちに、CSSTの必要性を感じさせる動機づけを行うことが大切です。子どもたちに説明もなく一方的にＣＳＳＴを行っても十分な効果は期待できません。子どもたちがこの活動を行えば級友との関わり方がもっとうまくなる、と感じて初めてＣＳＳＴを行う意欲を持たせることができます。

「じょうずなたのみ方」の指導においては、級友にお願いごとをしなければならない状況や、無理な頼み事をされて困ったことについて、お互いの経験を出し合い、それを共有することで動機づけを行うことが考えられます。

「教示」では、一方的に担任教師が「上手な頼み方」を教えるのではなく、まず、子どもたちが日常的に行っている頼み方について振り返ることを求めています。そして、頼んだことを断られたときの不利益、了承されたときの利益について考えてもらいます。

「モデリング」の時は、教師は表情や、顔・体の向き、言葉・声の調子などをモデリングします。「上手な頼み方」のスキルとして、笑顔で言う、相手の目を見る、頼む理由を言う、感謝の気持ちを言う、等のスキルを具体的に示します。この時に留意しなければならないことは、普段の話し言葉、普段の振る舞いによるロールプレイを実演して見せることです。一般的な演劇の表現を意識しなくてもよいことを印象づけるようにします。

ＳＳＴではロールプレイをすることが多いのですが、高学年になればなるほどロールプレイに対する抵抗感が強まる傾向にあります。場合によっては、恥ずかしがってできなかったり、喜劇的な振る舞いで笑わせようとする子どもが出てきたりすることもあります。そのようなことが起こらないようにするため、普段の話し言葉、普段の振る舞いによるロールプレイを実演して見せることが大切です。

「リハーサル」の時は、「上手な頼み方」と「上手でない頼み方」の両方を演じさせます。そして、小グループ単位で、役割を交代して体験させます。例えば三人でグループを作り、一人は「お願いする役」、一人は「お願いされる役」、もう一人は「やり取りを見る役」というように、それぞれの子どもに役割を与えることが望まれます。

「フィードバック」の時は、子どもたちの話し合いの場で自分がリハーサルを通して学んだことを発表してもらいます。さらに、自分が学んだことを「振り返りカード」に記入することによって、学習したことがしっかり認識されます。

このようなスキルの習得は学級の子どもたちにとってもＡＤＨＤ児にとっても重要なことです。ＡＤＨＤ児の中には、級友の物を借りる時、黙って取ってしまうということが見受けられます。それが火種になってトラブルになります。物を借りる時の「頼み方」を習得していれば、そのようなトラブルを起こさなくても済むようになります。

リハーサルの時にＡＤＨＤ児に行動規範の役割を与える

小学２年の多動傾向のある子どもが在籍する学級のＣＳＳＴの事例をもう一つ紹介します[*31]。その子どもは、いきなり級友を叩いたり蹴ったりするなどの攻撃的行動が頻繁に見られました。衝動

【教示】
①自分が普段している頼み方を思い出させる。
②相手から断られた時に、自分が受ける不利益を挙げさせる。
③相手から了承されたときに受ける利益を挙げさせる。
④相手に自分の頼み方を聞いてもらうために、必要と思われる行動を具体的に発表させる。
【モデリング】
①児童に「上手な頼み方」と「上手でない頼み方」の両場面をやって見せる。
②両場面では、行動に関してどこが違っていたのか、発表させる。
③「上手な頼み方」をするには、どのような行動（スキル）が必要なのか、気づかせる。
【リハーサル】
①児童に「上手な頼み方」と「上手でない頼み方」の両場面を体験させる。頼む役と頼まれる役の両方を体験させる。
②「上手な頼み方」をするときには、必要なスキルを意識しながら頼むように教示する。
③できるだけ多くの相手と、場面や役割を交代して、繰り返し体験させる。
【フィードバック】
①やってみた感想を発表させたり、振り返りカードを記入させることで、本時の内容を再確認させる。
②上手に頼めば相手に引き受けてもらいやすくなること、そのためにはスキルが必要であることを再確認させる。
③スキルを実行した場合の利益を確認させながら、これからも上手な頼み方を実践していくように教示する。

図９　CSST「じょうずなたのみ方」の教師の児童に対する働きかけ＊30

的な行動を起こして教室や校舎から飛び出すことが何度もありました。学習への取り組みはほとんどできていなくて、授業を妨害するような発言や奇声も頻繁にありました。

担任教師は、ＣＳＳＴで指導する社会的スキルを、対象児と級友との間で必要であり、かつ取り組みやすいものを選定しました。「上手な聴き方」「質問の仕方」「仲間への入り方」「あたたかい言葉かけ」等です。このＣＳＳＴでは、モデリングやリハーサルの段階で、意図的に対象児に行動規範の役割を与えるといった工夫をしています。それによって、対象児自身が望ましい社会的スキルを習得することが可能となります。また、対象児に対する級友の認知を変え、対象児を受容・承認しやすくなることも可能となります。実際のＣＳＳＴでは、紙芝居やゲーム形式などを多く取り入れ、子どもたちが興味を持てる学習方法を用いています。

学習した社会的スキルが実行されているかを自己評価する

この事例ではさらに、指導効果をより確実なものにするために、学級の子どもたち全員にトークンエコノミーの方法による強化法が導入されています。トークンカードとトークン（シール）を用意し、毎回のＣＳＳＴのセッションが終了して以降、毎日の帰りの会の時間にＣＳＳＴで目標としたスキルが、学級生活において実行できたかどうかを子ども本人に自己評価させています。できていればトークンを与えるという方法を用いています。トークンを貼るスペース（基本的には５か所）がいっぱいになると合格シールを与えるようにしています。

５時間のＣＳＳＴの結果、指導前に対象児に顕著に表れていた不適切な行動がほとんど見られなくなりました。例えば、「先生の話を聞かない」「授業中に立ち歩く」という不適切な行動が、指導後にはほとんど見られなくなっていました。級友たちとのトラブルも、ほとんど見られなくなりました。

この事例で興味深いのは、指導終了後に対象児だけでなく、学級の子どもたちにも社会的スキルの変容がもたらされたことです。指導開始前と終了後に、「小学生用社会的スキル尺度」で評価した結果、指導終了後には対象児も、学級の子どもたちも、「向社会的スキル」「引っ込み思案行動」「攻撃行動」の領域の得点が向上していました。

学級の当番活動を通してＡＤＨＤ児の望ましい行動の形成

ＡＤＨＤ児が級友たちと良好な関係を築き、学級生活を送ることができているかどうかを判断できる場面が、授業場面以外にもあります。それは、給食や清掃などの当番活動の場面です。私は給食の準備の時間や清掃の時間にも参与観察をしています。ある学級ではＡＤＨＤ児は他の級友と一緒に、自分の役割を果たして当番活動をしていました。そのような学級ではＡＤＨＤ児がどの子どもであるか見分けがつきません。それほど学級の活動の中に溶け込めているという状態を示しています。そのような学級では、給食の準備活動や後片付け活動も学級全体で比較的短時間で終わることができます。子どもたちが協力して、なおかつ責任を持って自分の役割分担を果たしていました。

一方、ある学級では給食当番になっているのに、ＡＤＨＤ児は廊下で遊んでいました。給食を食べ終わっても自分のお膳も片付けようとしません。一瞥してすぐＡＤＨＤ児がどの子どもであるか判断することができました。そのような学級では、給食の準備活動や後片付け活動も学級全体でかなり時間がかかってしまいます。当番の子どもたちが協力して当番活動をしようとする意識が弱いような印象を受けました。

当番活動を通じて社会的スキルが育まれる

当番活動を円滑に行うためには、それぞれの子どもたちに一定のスキルが身に付いている必要があります。例えば次のようなスキルです。給食場面を例にとって説明していきます。

●当番の仲間と協力するスキル

給食の準備や後片付けの作業の中には、協力しなければできない作業があります。例えば、重い食缶は当番仲間と力を合わせて運ばなければなりません。配膳台の設置や後片付けも仲間と一緒に行わないと作業がうまく進みません。

協力して作業するという前提には、相手を協力者として認め尊重するということが求められます。

また、協力する際にはその場で仲間の行動を見守りながら、今、自分が何をなすべきかについて判断する力も必要とされます。

●自分の役割を責任を持って遂行するスキル

給食の準備や後片付けをする際には、給食当番の子どもたちの間で、それぞれ役割を分担します。副食を盛りつける役割、主食（パンやごはん）を渡す役割、牛乳を渡す役割などです。後片付けの時も、お皿やお椀をかごに整理する役割、牛乳パックを整理する役割、配膳台を片付ける役割などです。このような役割を担うことによって、子どもたちには責任を持って作業を行うという姿勢が育まれていきます。

●所定のルールを守って行動するスキル

給食の準備や後片付けを行う際には、衛生上、決められたルールを守って作業することが求められます。例えば、準備をする前には、手をしっかり洗う、マスク、エプロン、バンダナをつけるなどです。また、給食室に移動する時にも、一列に並んで移動します。給食室でも、順番を守って給食の職員から食缶を受け取ることが求められます。

以上、当番活動を円滑に行うために必要なスキルを3つあげました。給食場面は、当番でない子どもたちにおいても様々な社会的スキルを学習する機会になります。例えば、机を拭いて、班の仲間が一緒に食事できるように協力して机を寄せる、楽しく会話しながらお互いにコミュニケーションを図る、配膳台の前に並んで順番を待つ等々のスキルです。また、食後のあいさつ（「ごちそうさま」）が終わらないうちは立ち歩かないなどのルールを守るということも大切です。

これらのスキルは、社会生活を送るうえですべての子どもが身に付けていなければならないスキルです。給食当番の仲間と一緒に活動することを継続することによって、ＡＤＨＤ児にもこのようなスキルが自然に形成されていくものと考えます。

ＡＤＨＤ児の望ましい行動を形成するために、学級の当番活動における自然な働きかけを活かすという視点が重要だと思います。

落ち着いた学習環境づくりのための「学習ルールづくり」

ＡＤＨＤ児が在籍する学級で、ＡＤＨＤ児が他の級友とともに集中して学習できている授業を見ることがあります。参与観察したあとに、私がその授業を行った担任教師に授業のコツを尋ねますと、学年初めに、学習ルールをしっかり守ることを子どもたちに習慣化させる、という答えが返ってきます。ＡＤＨＤ児が他の級友とともに落ち着いて取り組める学習環境を作り出す第一歩は、子どもたちに学習ルールを守って授業に参加することを習慣化させることという見解です。

学習ルールが定着している学級ではＡＤＨＤ児が落ち着いて学習に取り組める

学習ルールが定着し学級全体が落ち着いて学習に取り組めている学級において、ＡＤＨＤ児も他の級友と同じように集中して学習に取り組めているのはなぜでしょう。仮に、授業を遮るような発言をしたり、始業のチャイムが鳴ってもなかなか教室に戻ってこないＡＤＨＤ児の行動を想定して考えてみましょう（**図10参照**）。

担任教師によっては、そのような行動を改めるよう注意したり叱責するかもしれません。また、そのような不適切な行動を減らすために、行動療法等を用いて個別的に対応するという方法がとられるかもしれません。

一方で、不適切な行動を減らすということをねらいとせず、そのような不適切な行動と反対の望ましい行動を形成することによって、不適

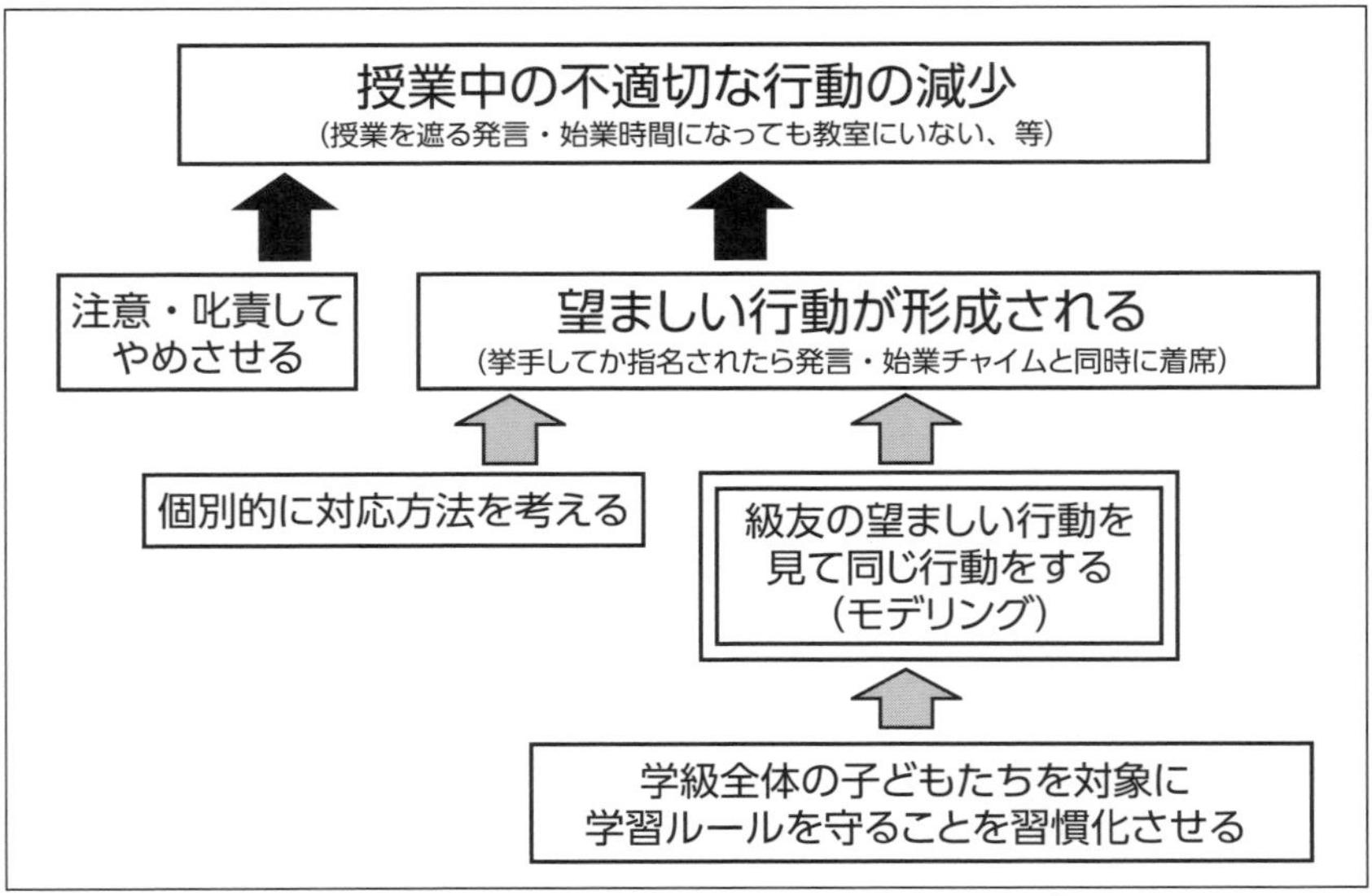

図10　「学習ルール」を学級全体で形成することによるＡＤＨＤ児の変容

切な行動をなくすという方法をとることがあります（p79「対立行動分化強化」参照）。この事例における望ましい行動とは、「挙手して指名されたら発言する」「始業チャイムが鳴ると同時に着席する」という行動です。ではＡＤＨＤ児に望ましい行動を形成するにはどのようにしたらよいでしょうか。

一つの方法として、応用行動分析の手法を使って、不適切な行動の原因を抽出し、その原因を考慮してＡＤＨＤ児に個別的に対応するという方法があります。しかし、このような方法は専門的な知識を必要とするため、担任教師が行うには困難を伴います。

担任教師がクラス全体の子どもを対象としながらも、ＡＤＨＤ児の不適切な行動を減らし望ましい行動を形成する方法として、学級の子ども全員に授業中の学習ルールを身に付けさせる方法が考えられます。学級の子ども全員に授業中の学習ルールを身に付けさせることによって、級友たちのそのような望ましい行動を見て（モデルとして）、ＡＤＨＤ児が自然に望ましい行動を学習するということが可能となります。

学習ルールを指導する際の留意点

そのためには、まず、学年最初の時点で、学級の子どもたち全員を対象に授業中の学習ルールを身に付けさせる指導をしなければなりません。

指導する際には、ルールについて伝えるだけ、掲示するだけにならないようにしなければなりません。学習のルールを確実に子どもたちが身に付け定着するまで継続して指導することが望まれます。例えば、「始業チャイムと同時に着席する」という学習ルールであるなら、始業のチャイムが鳴る前に、担任教師は教室の入り口で子どもたちが戻ってくるかどうかを継続的に観察します。そのルールが完全に身に付くまでそのような見守りを行います（私が勤務していた小学校の1年生の担任のベテラン教師が行っていた方法です）。そして、チャイムが鳴る前に教室に入ってきた子どもに対して、その場で即座に褒めます。また、「挙手して、指名されたら発言する」という学習ルールなら、授業中にそのルールを実行した子どもを褒めて、他の子どもたちのモデルにします。このようにして、ルールを実行できる子どもの数を増やしていくようにします[*32]。

さらに留意すべきことは、学習ルールをあまり細かくしすぎないようにすることです。例えば、鉛筆の正しい持ち方、授業中の姿勢は「手は膝に」「足は床にぴったりつけて」等、細かなルールは避けたほうがよいと思います。特に、ADHD児にはそのようなルールを覚えるだけでも大変ですし、実行するのも困難を伴うことが予測されます。集中して授業に取り組むための基本的な学習ルールにとどめ、学年が上がるたびに毎年、ルールの内容を発展的に提示することが求められます。

以上のように、学習ルールを設定し、それを守って学習することにより、学級の子ども全員が落ち着いて学習に取り組むことが可能となります。特に、学級や子ども集団の中で形成されている「暗黙のルール」を理解することに困難を示す発達障害児にとって、学級内で学習ルールが明示されていることは、学習参加を促す重要な要因となります。

子どもたちの協力による「学習ルールづくり」（「相互依存型集団随伴性」の適用）

近年、応用行動分析学によって開発された**相互依存型集団随伴性**による方法が学級経営や集団行動のマネージメントにおいて広く適用されています。この方法は、発達障害児が在籍する通常学級の子ども集団にも適用されています[*33・*34・*35]。

この方法は、主として①学習課題に従事する行動を増やすこと、②不適切な行動（例：私語、離席など）あるいは破壊的な行動（例：言語的・身体的攻撃）を減らすこと、③仲間との社会的相互活動や社会的スキルを形成すること、というような目的で行われています。

相互依存型集団随伴性とは

相互依存型集団随伴性の説明を単純化するために、6人の少人数学級を例として取り上げます。

授業中に担任教師が話しているにもかかわらず、その話を遮るような不規則発言が頻繁に起こる学級です。そのために授業が中断され、学習活動が混乱してしまいます。このような不規則発言を少なくするという目的で、相互依存型集団随伴性の方法を適用しようと考えました。まず、担任教師と子どもたちとの間で次のような取り決め（約束）をしました（**図11参照**）。

①　1単位時間で1回も不規則発言をしなかったら一人につき1ポイントを与える。

②　全員のポイントを合計して50ポイントが貯まったら子どもたちの好きなことがやれる。

学級の子どもたちは、「やりたいこと」として、好きなアニメを1時間観るということを選択しました。不規則な発言が少なくなり、達成基準の50ポイントが貯まりましたので、ご褒美（強化子）として好きなアニメを観ることができました。

このように「不規則な発言を少なくする」という目標を達成するためには、次のことが行われなければなりません。

①　子ども集団において、共有する目標を達成するためにお互いが協力して、一人一人が努力しなければなりません。つまり、目標達成

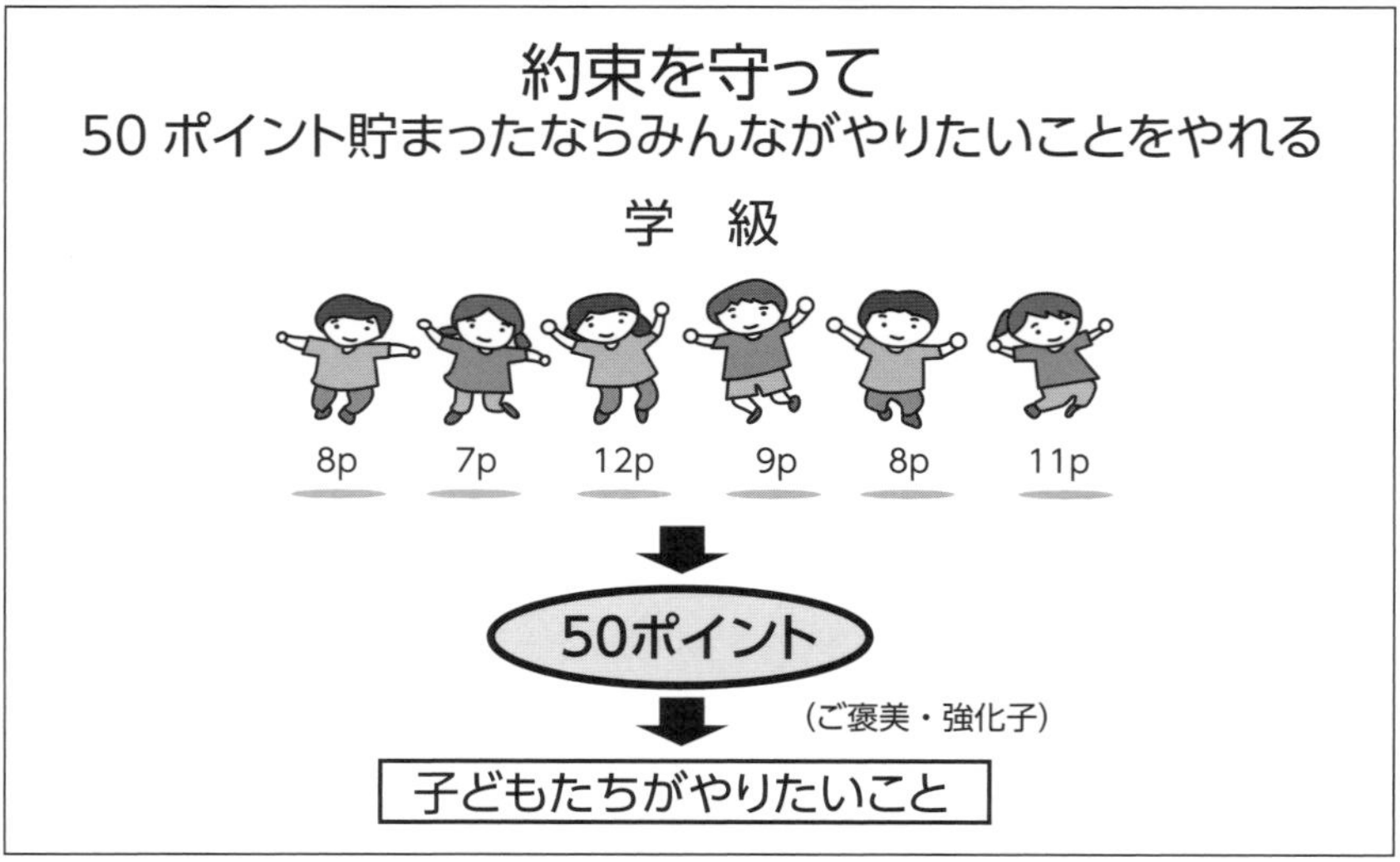

図 11　相互依存型集団随伴性の適用例

のためにメンバー一人一人がお互いの頑張りに依存しているのです（**相互依存**）。

②　目標基準を達成したなら、子ども個人にではなく、子ども集団に強化子（ご褒美）が与えられます（**集団随伴性**）。学級の子ども全員を強化の対象とすることもできますし、小人数のグループを対象とすることもできます。

この相互依存型集団随伴性の方法による支援の結果として、目標とする行動が形成されるということ以外にも、副次的に、子どもどうしの相互交渉や相互の助け合い、仲間からの受容、及び自尊心の向上が見られています。

学習環境づくりのための相互依存型集団随伴性の適用

ADHD児が在籍する3年生（子どもの数26名）の授業を参与観察する機会がありました。まず、目についたのは始業のチャイムが鳴っても、教室で机に座っている子どもたちが半数程度だったことです。徐々に子どもたちは教室に入ってきましたが、授業が開始されたのはチャイムが鳴ってから10分後でした。授業が始まると、教室のあちこちから私語が聞こえてきました。立ち歩きをしている子どももいます。担任教師が話をしているのに、それを遮るように突然発言するゴミを棄てに行く子どももいます。対象となるADHD児の様子を見てみますと、はじめは担任教師の話を聞いていましたが、周囲がざわついてきますと落ち着きがなくなり、隣の子どもに話しかけるようになりました。しばらくすると、好きな友だちの席へ歩いて行きました。

子どもたちが下校した後に担任教師と話し合いを行いました。担任教師は、観察対象となっていたＡＤＨＤ児の行動を問題視して、なんとか不適切な行動を少なくしたい、という問題意識を持っていました。

私は、ＡＤＨＤ児の不適切な行動へ対応する前に、まず、学級全員の子どもに学習ルールをしっかり身に付けさせ、落ち着いた学習環境を作り出すことを提言しました。学級全体の主要な問題として、①始業のチャイムが鳴っても机に座っていない子どもが多い、②私語が多い、③立ち歩きが多い、ということがあげられます。②の「私語が多い」という問題は、子どもたちが興味関心を持って集中して授業に取り組めれば必然的に授業中の私語は少なくなるはずです。ですから「私語が多い」という問題は、担任教師の指導方法を改善することや、授業の構成を検討することによって解決するのではないかと提言しました。

そこで、とりあえず、「始業のチャイムが鳴る前に席に座り学習の準備をする」「授業中に立ち歩きをしない」という目標を設定して、落ち着いた学習環境づくりに取り組むことを提案しました。その時に、相互依存型集団随伴性の方法を適用することも提案しました。

その取り組みの手順は**図12**の通りです。まず、子どもたちに自分たちの学級の授業中の状態がどのような状態になっているか、ＶＴＲを見て認識してもらいました。その時には、学習環境が落ち着いている同学年の学級の授業風景も見てもらいました。その後、自分の学級の授業について気付

①授業体制がしっかりしているモデルクラスの VTR と当学級の授業風景の VTR を見せて比較させる。

②このままの状態が続くと自分たちにとって不利益になることを認識させる。（このままだと自分たちの学級だけ勉強が遅れてしまう）

③授業中の学習の取り組み方について、改めることを子どもたちと約束する。

④約束の内容を提示する。

●始業のチャイムが鳴る前に自分の席に座り、学習の準備をする。

●授業中の立ち歩きをしない。

*全員がチャイム前に自分の席に座り、学習の準備をしていたなら1ポイント。

*1時間のうちに一人も立ち歩きをしなかったら1ポイント。

*合計で 100 ポイントたまったなら好きなことをやれる。

図 12　落ち着いた学習環境づくりを目指した相互依存集団随伴性の適用例

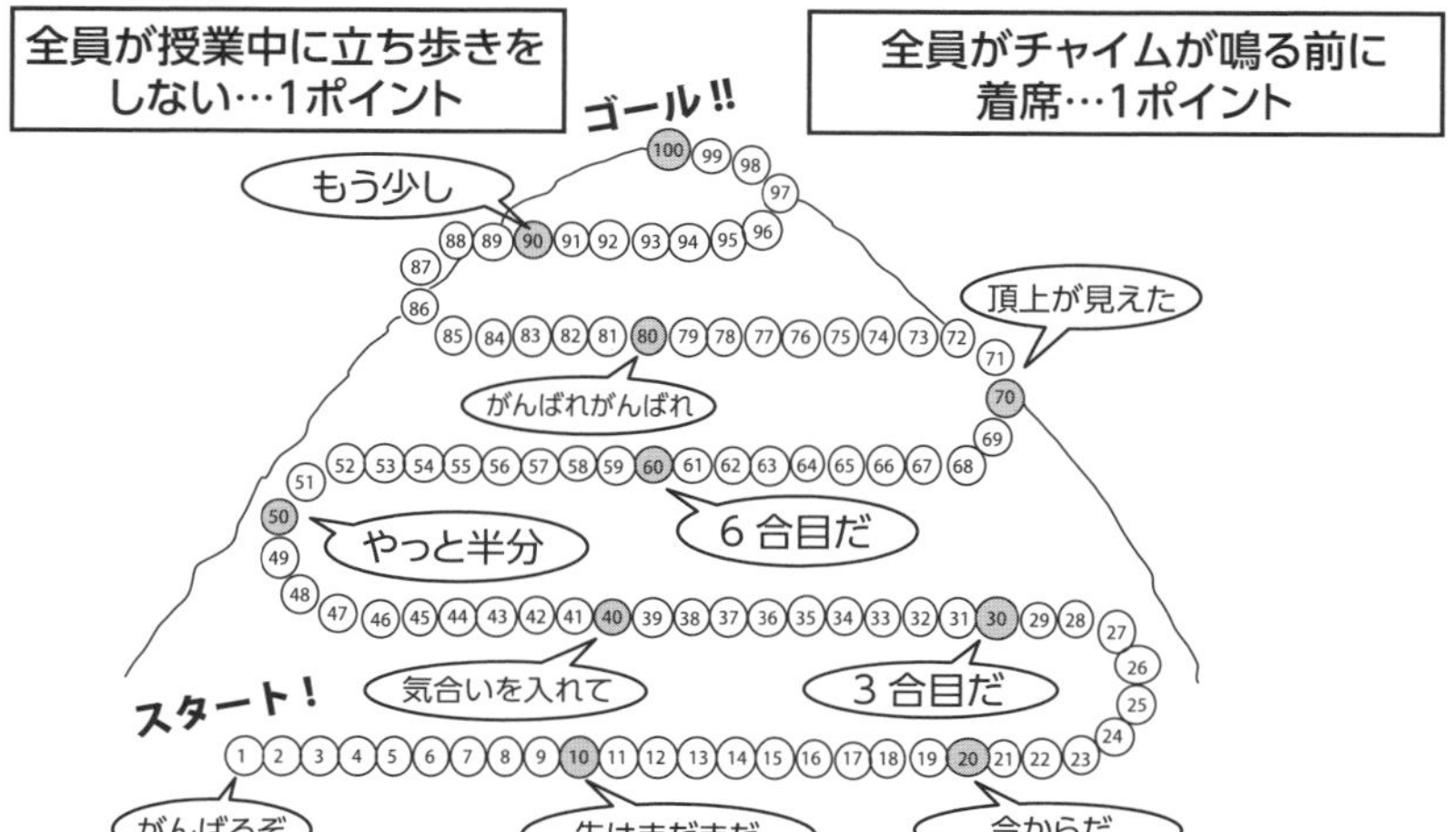

図 13　ポイント達成評価表の例

いたことを話し合ってもらいます。それによって、このままの学習環境が続くと、勉強が遅れてしまう、などの声が子どもたちの間から聞こえてきました。

そのような働きかけを行った後、**図12**に示した「約束」を子どもたちと取り交わします。この時、子どもたちにこの「約束」に同意してもらうことが大切です。子どもたち自ら自分たちの行動を改善していこうとする意識を持ってもらうことが大切です。ポイント獲得のルールも説明します。この際に留意しなければならないことは、達成目標のポイントをどの程度にするか、ということです。達成ポイントがあまり高すぎると、いくら頑張ってもそのポイントが達成されず、子どもたちは諦めてしまう可能性があります。ですから、子どもたちの少しの頑張りで達成できるようなポイント数にすることが大切です。

目標のポイントに達したなら、学級の「お楽しみ会」をやりたいという希望が子どもたちから出ました。

いよいよ取り組みの開始です。毎時間、目標の二つの行動が守れたらポイントが**図13**の表に記入されていきます。毎時間の子どもたちの行動がその都度評価されるのです。この表には子どもたちが守るべき目標行動を明示しておきます。

実際にこの取り組みが開始されると、子どもたちの行動に変化が現れました。例えば、校庭で遊んでいる場面で始業のチャイムが鳴る前に、時間を意識するようになりました。そして、チャイムが鳴る前に、まだ遊んでいる級友に、教室に戻るよう声がけする姿が見られました。特にＡＤＨＤ

児への声がけが多くなりました。また、授業中にも、ＡＤＨＤ児がフラッと立ち上がろうとする素振りをしますと、隣の席の子どもがそれを制止しようとしました。子どもたちどうしの声のかけ合いや支え合いが自然に出るようになったのです。

わかる授業づくり

通常学級における「わかる授業づくり」

教科学習における学習能力はＡＤＨＤ児によって様々です。行動上の問題を示していても学業成績にはほとんど問題を示さない子どももいます。一方で、行動上の問題はあまり示さないのですが、学習のつまずきが顕著な子どももいます。そのような多様な学習能力を示すＡＤＨＤ児が通常学級に在籍しており、かつまた学習障害、あるいは自閉症スペクトラム障害を伴う子どもも在籍している学級が少なくありません。

学習のつまずきを示す発達障害児の指導は、従来は、学級から取り出し、通級指導教室等で個別的に認知面の特性を考慮して指導するという考え方が主流でした。しかし、文部科学省が行った調査報告において、「学習面又は行動面で著しい困難を示す児童生徒を取り出して支援するだけでなく、それらの児童生徒も含めた学級全体に対する指導をどのように行うかを考えていく必要がある」

ということが強調されるようになりました[*2]。通常学級における発達障害児の指導は、担任教師が本腰を入れて取り組まなければならない課題となったのです。現在、多くの通常学級の担任教師が、特別な支援が必要な子を含めて、通常学級の子ども全員が、楽しく学び合い、わかる・できることを目指して実践に取り組んでいます。

私は、発達障害児が在籍している学級を数多く参与観察し、発達障害児が学級の子どもたちと一緒に、落ち着いて学習に取り組めている学級を見ています。そのような学級は、前述したように担任教師と子どもたちの間に信頼関係がしっかり築かれており、子どもたちの間で良好な友だち関係が成立しています。それに加えて、やはり担任教師の授業力が高く、子どもたちにわかりやすい授業を行っています。「わかる授業づくり」は、授業そのものへの子どもたちの参加度を高めることだけでなく、授業を通して対人関係や様々なスキルを学び、学級生活全般への満足度を高めることができると思います[*36]。

基本は教科教育法で洗練されてきた指導方法

「わかる授業づくり」をするためには、基本として、今まで我が国の教育現場で洗練、蓄積されてきた教科教育の指導方法から学ばなければなりません。例えば、授業の準備段階で、指導内容の教材研究をしっかり行い、子どもたちが興味関心を持てるように指導内容を吟味することが不可欠でしょう。そして、吟味した内容を単元・題材の中でどのような順序で教えていくことが効果的か、指導計画も検討されなければならないでしょう。さらに、授業中の発問を子どもたちが理解できるか吟味したり、効果的な教材や補助教材を用意します。子どもたちの思考を促進するような板書を計画します。そのような授業計画の方法が我が国の教育現場の先人たちが各教科において築き上げてきています。

例えば、国語科教育であれば文学作品の深い読み方の指導法について、桂は次の五つの視点が大事であると指摘しています[*37]。①「いつ（時）」「どこで（場所）」「誰が（中心人物）」「何をした（事件）」ということをとらえながら作品を読むこと、②登場人物の誰の目と心から語られているかを読みとること、③表現技法をとらえて読むこと、④中心人物の変化をとらえて読むこと、⑤作者が作品を通して一番伝えたい主題をとらえて読むこと、という視点です。

これは一つの例ですが、このような指導方法の視点が、各教科の様々な題材において先人たちによって蓄積されてきているのです。

また、標準学力テストで毎年上位に位置する秋田県の総合教育センターでは、教師を対象に指導方法に関する資料を発刊しています[*38]。そこには、秋田県の学校で蓄積されてきた教科教育の効果的な指導方法が整理されています。

そのような教科教育の基礎・基本を踏まえた授業方法が前提として考えられなければなりません。昨今の教育現場では、技術的な「授業方法」だけが追及され、教科教育の基礎・基本が置き去りにされているように思われます。

ユニバーサルデザインの視点を活かした授業

「わかる授業づくり」を行う上で、わが国の教育現場において最も注目を集めているのは、**ユニバーサルデザインの視点を活かした授業**（以下、**ＵＤ授業**）でしょう。ＵＤ授業は、二つの専門性から研究され実践されています。一つは、特別支援教育の専門性をベースにしたＵＤ授業です。もう一つは教科教育の専門性をベースにしたＵＤ授業です[*39]。

ＵＤ授業についての前者の考え方は、特別な支援を必要とする子どもへの指導の在り方を追求していくうちに、結果として全体の子どもへの指導の質が高まっていくという考え方です。後者のＵＤ授業についての考え方も、通常学級の授業をすべての子どもに本当にわかる授業にするためには、特別支援教育の視点を活かす必要があるという考え方を基本としています。両者とも、授業改善を目的としており、特別な支援を必要とする子どもがわかる授業は、すべての子どもにもわかる授業につながるという認識が背景にあります。

現在、通常学級における授業改善のために、ＵＤ授業において様々な工夫・配慮がなされています。その工夫・配慮している事例を整理して紹介していきます。

●集中して取り組める学習環境を整える

教室内の掲示物や教室外部からの音といった刺激が、授業に集中して学習に取り組むことを妨げていることがあります。そのため、注意集中の妨げとなる刺激を極力除外することが求められます。

例えば、教室内、特に黒板周辺をできるだけシンプルにし、掲示物は学習内容に関連したものに限定します。黒板に隣接する掲示板を授業中はカーテンで隠すことで、刺激物を制限している学級もあります。教室内の騒音にも留意する必要があります。生物への関心を育むために教室内に水槽を置く場合がありますが、水槽のポンプ音は意外に強い刺激音になっていることがあります。ポンプ音が学習の妨げにならない場所に水槽を設置するという配慮が必要です。

ＡＤＨＤ児の場合、座席の位置にも配慮が必要です。ＡＤＨＤ児が学習に集中できない様子が見られた時に、担任教師からすぐ働きかけができる座席であることが望まれます。また、周囲に座る級友も考慮しなければなりません。普段から相性の悪い級友が視野の範囲にいるだけで、ＡＤＨＤ児の注意が妨げられることがあります。逆に、普段から比較的落ち着いて学習に取り組める級友が周囲に座っていると、ＡＤＨＤ児本人も落ち着いて学習に取り組むことが少なくありません。

●効果的に指示や説明、発問する

指示内容の言葉を徹底的に削り、簡潔な言葉で的確に伝わるよう配慮しなければなりません。そのためには、子どもたちが理解している言葉を使うように留意し、子どもたちの理解を超えた曖昧な表現、抽象的な言葉、漢語の使用を避けるようにしなければなりません（これらの言葉を無意識に使用している場合が少なくありません）。ＡＤＨＤ児においては、物理的な刺激とともに、教師からの指示内容に雑多なものが含まれるとすべての内容に反応し、本質的でないものに注意が向いてしまうことがあります。

最も大切なことは、子どもたちの全員が注目していることを確認してから指示や説明をすることです。子どもたちの聴く態勢ができていないうちに話を開始している授業をよく見かけます。学級によっては、注意喚起のサインを決めている学級もあります。また、「これから大事なことをお話しします」と前置きしてから話している教師もいます。

授業において、子どもたちの思考を深めるためには、教師からの発問も吟味されなければなりません。何を問われているか子どもたちに理解できるような発問でなければなりません。発問した後には、すぐ答えさせるのではなく、考える時間を与えることも忘れないようにしましょう。

●指導のねらいを焦点化する

1回の授業において、学ぶべきことが多すぎれば、結局、大切な事柄がわからなくなり、何も学ばないのと同じ結果になることがあります。指導のねらいを絞りシンプルにすることが重要です。授業の導入時に、本時において何を学習するかを子どもたちが理解できるように明確に示すことが求められます。そのためには教材研究をしっかり行い、教材として扱う単元や題材の学習内容の本質を見極め、指導のねらいを設定することが重要となります。その指導のねらいが達成されるように授業の流れを構成することになります。

●視覚的教材を効果的に使用する

聴覚的な情報（話し言葉）は、目で見て確認できず、時間の経過と共に消失してしまうものです。また情報の全体量が不明確であり、聴く活動の終点が確認できないという特質を持っています。そのため担任教師の話し言葉だけの指示や説明だけでは、子どもたちは十分に理解することが困難です。説明や指示をするときは、可能なだけ、絵や写真、映像、書字を伴わせることが重要です。

板書も授業の流れに沿って、子どもたちが思考過程をたどれるよう要点化して構成することが望まれます。

●授業の中で学び合いの場を設定する

１単位時間の中でペア、及びグループによる学び合い活動の場を設定することも考慮に入れましょう。例えば算数の時間に先生から問題を提示されたときに、ペアで一つの答えを求める。国語の時間の音読の時にペアの相手に音読を聴いてもらい、聴いている子どもは相手が読み間違えたらそれを指摘する。また、４～５人程度のグループで学び合いの活動を行うようにする。このような活動によって、級友の考えをモデルにしたり下敷きにして自分の考えを深め、自分の意見を考えてみるという学習姿勢が形成されます。ＡＤＨＤ児においては、聴くだけの学習から解放され、能動的な学習に取り組むきっかけにもなります。

●１単位時間の授業の流れの見通しを持てるようにする

ＡＤＨＤ児には、高頻度に**自閉症スペクトラム障害**（以下、**ＡＳＤ**と表記）を併せ持っていることが知られています（p37参照）。ＡＳＤのある子どもにおいて、時間的な見通しが持てない状態にあると不安感が生じ、落ち着いて学習することが困難になることがあります。そのような時に、1単位時間の授業の流れを黒板等に掲示し、進行に合わせてマグネットの矢印を移動して、現在、学習している内容を知らせるようにします。そのような配慮をすると比較的落ち着いて学習できる子どもがいます。ＡＳＤを合併していると思われるＡＤＨＤ児にとっても、授業の見通しの持てる状況づくりは落ち着いて学習に取り組める一要因になります。

また、教科によって1単位時間の授業の流れを一定にしておくと、次に何を学習するか予測することができ、落ち着いて学習に取り組めることがあります。例えば、秋田県のある小学校では、全校で算数の時間の学習スタイルを次のように定めています*[40]。「導入問題を理解する➡本時の目あてを決める➡自力で導入問題を考える➡児童同士の学び合い①（導入問題の解決）➡児童同士の学び合い②（まとめと定理の理解）➡練習問題を解く➡評価問題を解く➡本時の学習を振り返る」という流れです。同じように理科においても、多くの学校において「問題提示➡予想➡結果➡考察」という学習スタイルがとられることがあります。

●1単位時間の授業に多様な学習活動を設定する

ＡＤＨＤ児だけでなく、障害のない子どもにおいても、担任教師の説明を聴くだけの学習は長い時間維持することは困難です。せいぜい長くても15分程度でしょうか。説明するだけの時間が長くなると注意集中が途絶え、学習効果は半減してしまいます。そこで1単位時間の授業に、複数の学習活動を設定すると子どもたちの注意集中が持続し、学習に取り組むことが可能となります。例えばペアやグループになって問題を解いたりする活動、ペアやグループで話し合ったことを発表する活動、一人で課題に取り組む活動、ノートをまとめて書く活動等の多様な活動を一単位時間に計画的に盛り込むようにします。学習活動が変わるたびに、子どもたちの集中力が回復して、学習意欲を維持することが可能となります。

効果的にＴＴ（ティーム・ティーチング）を運用する

現在、わが国の小・中学校の通常学級では、複数の教職員で授業を行う学級が増えています。特に、平成19年度より開始された「特別支援教育支援員制度」によって、通常学級には発達障害児を支援するための支援員が多く配置されるようになりました。支援員の役割として、「発達障害の児童生徒に対する学習支援」「教室を飛び出して行く児童生徒に対して、安全確保や居場所を確認する」等が定められています[*41]。私が参与観察してきた小学校では、ＡＤＨＤ児に対しての支援員の役割は、教室から飛び出した子どもの後追いや、級友とのトラブル回避の仲裁が多いように思われます。

すなわち、トラブルが生じた後の支援がほとんどでした。

ＡＤＨＤ児の支援のために配置される支援員やその他の支援スタッフの役割について、私は視点を変える必要があると考えています。すなわち、トラブルが生じた後の支援に重点を置くのではなく、トラブルが生じないように望ましい行動を形成するための支援を重点的に行うべきではないかと考えています。

例えば、授業中に教室を飛び出す行為についても、ＡＤＨＤ児が級友と一緒に学習に取り組めている状態にあれば教室から飛び出すということはないはずです。そのような視点に立てば、支援スタッフの役割は、ＡＤＨＤ児の学習への取り組みを促すような支援をすることを重視し、そのことにより教室からの飛び出しも少なくなると思います。

では支援スタッフとしてＡＤＨＤ児の学習への取り組みを促すために、どのような支援をしたらよいのでしょう。例えば、ＡＤＨＤ児の場合、授業中に注意が集中しなくなり、どこを学習しているのかわからなくなるということが多く散見されます。そのような場合、支援スタッフがＡＤＨＤ児の傍に近寄り、注意を喚起するような声がけをする、教科書のどこを学習しているか教科書の頁を指摘してあげることが求められます。あるいは、本人が何をしたらよいかわからない状態になった時に、即座に支援をするのではなく、周囲の級友に聞いたり、見ることを促すことも必要でしょう。普段から担任教師と支援スタッフの役割分担について決めておき、授業前に学級担任とどの場面でどのような支援をするかを打ち合わせておくことも重要でしょう。

私が過去にカリフォルニア州リバサイド市のある小学校の授業を参観させてもらった折に見た、支援員の授業中の学習支援の例を紹介します。

小学４年生の国語の時間でした。授業の課題として、子どもたち一人一人に児童書を与え、その本の作者、登場人物、主人公等を調べる課題が担任教師から出されました。担任教師の説明が終わると同時に、支援スタッフが支援を要する４名の子どもを教室の隅に置かれたテーブルに呼び寄せました。その後、支援スタッフは先ほど担任教師が説明した内容を小さなホワイトボードに書き再度説明しました。その説明を聞き、４名の子どもは課題に取り組みますが、つまずきそうになると支援スタッフはタイミングよくアドバイスをしていました（**写真１**参照）。

このような支援はもちろん、担任教師との打ち合わせに基づいて行われたものです。担任教師が学級の子ども全員に対して説明する時には、説明の内容を理解することに困難を示すＡＤＨＤ児が少なくありません。しかし、個別に説明すると十分に理解できる子どもが多いようです。前述した支援スタッフの支援もそのようなＡＤＨＤ児の特性

写真１　通常学級における支援スタッフによる小集団指導

を把握して行われたものでしょう。また、小学校高学年になると、支援スタッフがぴったりと付き添って支援されることを嫌がるＡＤＨＤ児が少なくありません。前述の事例のように、複数の子どもを対象とすることによって支援を受け入れやすくなることも考えられます。

わが国においても、通常学級におけるＴＴ（ティーム・ティーチング）の方法について、担任教師と支援スタッフの試行錯誤的な実践から、もっと効果的なＴＴの方法を創出することが求められます。

⑤ 学校レベルの支援

通常学級に在籍するＡＤＨＤ児の不適切な行動や、学習上のつまずきに対して担任教師が一人で対応することには限界があります。ほとんどの学校では、通常学級に在籍する発達障害児を支援するための全校的規模による支援体制が構築されています。

具体的には、特別支援教育に関する校内委員会の設置、発達障害児の実態把握、特別支援教育コーディネーターの配置、関係機関との連携を図った「**個別の教育支援計画**」の策定と活用、「**個別の指導計画**」の作成、教員の専門性の向上、という取り組みが全国規模で実施されていると報告されています[*42]。

私が訪問した学校の支援体制の状況も様々でした。ある学校では、ＡＤＨＤ児の指導に困難を抱えた担任教師が、**特別支援教育コーディネーター**（以下、コーディネーター）に相談すると、コーディネーターはすぐに校内支援委員会を開催し、具体的な支援体制を教師間で話し合っていました。外部の専門家としてその会議に私も参加を求められました。もちろん、管理職もその会議に参加し、必要であると判断したなら校内の教員による支援体制を作っていました。コーディネーターは「個別の指導計画」を作成し、指導に困難を抱えた担任教師への支援を継続的に行っていました。

一方、ある学校では、指導に困難を抱えた担任教師への支援にまったく関与していないコーディネーターもいました。ＡＤＨＤ児の保護者が教育相談を申し込んでも管理職が保護者の話しを聞くだけで、具体的な対応はなされないままでした。保護者から「個別の指導計画」を見せてほしいと依頼されても、作成されていませんでした。

このように学校間での差が生じる要因として、校長の発達障害児の支援に対する姿勢の違いが影響していると思われます。

校長のリーダーシップ

発達障害児への校内支援体制を構築するために、文部科学省では校長職の責務を強調しています。

校長自らが特別支援教育や障害に関する認識を深めるとともに、リーダーシップを発揮し、校内支援体制を整備し、組織として十分に機能するよう教職員を指導することを求めています。では、校長先生は具体的にどのような取り組みをしてリーダーシップを発揮しているのでしょうか。

まず、一般的には、校長先生は年度当初に次のことを行っています。学校経営方針の重点に特別支援教育推進を明確に位置付ける、校内委員会を設置しそのメンバーを選定する、特別支援教育コーディネーターを指名する等の取り組みを行っています。

また、校長先生によっては学校裁量の範囲で、発達障害児に対する独自の支援を積極的に実施しています。その例をいくつか紹介します。

校長のリーダーシップの事例

●コーディネーターを複数配置する

コーディネーターの選定に配慮している校長先生が少なくありません。ある学校では、学校全体のコーディネーターを校内で一人だけ配属するのではなく、低学年、中学年、高学年に各一人ずつ配属しています。学校全体のコーディネーターを中心に、4人のコーディネーターがチームを組んで校内の発達障害児の支援に取り組んでいるのです。

コーディネーターの選定にあたっては、特別支援教育の領域と関連することから、その教育の専門性のある教師、例えば特別支援学級や通級指導教室担任の教師を配属させることが多いようです。

しかし、コーディネーターの役割を考慮すると、通常の学級の指導についての理解が深く、かつ生徒指導上の問題に適切に対応する資質も求められます。また、支援が行われるためには校内の連絡・調整ができ、担任教師の相談窓口になることも求められます*43。ある学校の校長先生は、このようなコーディネーターの役割を考慮した視点でコーディネーターを複数選定しています。

また発達障害児が多く在籍している学校では、コーディネーターに学級を担任させないで、コーディネーターの職務に専念させています。

●教職員への情報提供

ある学校の校長先生は、週に一度、教職員を対象とした通信を発行し、学校経営に関する自分の考えや様々な情報を発信しています。その通信に、発達障害児の支援に関して効果があった校内の事例なども積極的に掲載し、教職員に情報提供をしています。そのようにして、発達障害児の効果的な支援の方法について、全職員の共有化を促しているのです。

また、ある学校の校長先生は、「校長便り」を活用して、発達障害や愛着障害についての理解を深めるための情報や、児童理解に基づく指導方法についての情報を継続的に発信しています。その結果、職員の発達障害児の支援についての意識が高まってきています*44。

●校内一斉の「わかる授業づくり」の実施

一方で、「わかる授業づくり」が発達障害児だけでなくすべての子どもの支援にも効果的であると認識している校長先生は、ユニバーサルデザインの視点を活かした授業改造を全校規模で推進しています[*45]。校長先生の全職員への働きかけにより、全学年の各教科・領域の授業において「わかる授業づくり」を推し進めました。具体的な授業実践を積み重ねる過程で授業づくりの方法を開発していきました。

その結果、2、3年が経過するうちに、まず基礎学力が全校的に飛躍的に向上しました。中位の学力の子どもは1年経過した時点で成績向上の成果が見られました。下位の学力の子ども（その中に発達障害児が多く含まれます）は2年以降に成績の向上が見られたのです。多くの発達障害児が学級の他の級友と落ち着いて学習に取り組む姿が見受けられるようになりました。特筆すべきは、全校規模で「わかる授業づくり」を始める前は全校で8名の不登校傾向の子どもがいましたが、翌年には皆無になったことです。

全校規模で「わかる授業づくり」を実施すると、担任教師の指導力による授業の質の差があまり影響しなくなる可能性があります。全学年を通して指導方法の一貫性が構築されるために、年度ごとに担任教師が代わっても「わかる授業づくり」が維持継続されるのです。そのような学習環境が構築されたことが、発達障害児だけでなくすべての子どもの変容をもたらしたものと考えられます。

ユニバーサルデザインの視点を活かした授業を学校全体で推進している自治体があります。東京都の日野市では市の教育の基本テーマの柱の一つとして「特別支援教育の充実」を掲げています。ここでは、学校規模というより自治体レベルでユニバーサルデザインの視点を活かした授業を行っているのです。

●自らが講師になって研修会を実施

ある小学校の校長先生は、自らが講師になって**ティーチャーズ・トレーニング**を行っています*44。この学校は児童数１５０人程度の学校規模ですが、「個別の指導計画」を必要としている児童が20％程度在籍しています。そのために教員補助員が６名も配置されています。

校長先生は不適切な行動を示す子どもたちへの教員補助員の対応に違和感を持っていました。不適切な行動が起きた時の対応について担任教師との共通理解が不十分で、どのように対応したらよいか戸惑っている様子でした。

校長先生は、子どもたちの不適切な行動への対応を学ぶために自らペアレント・トレーニングを受けます。そのトレーニングで得た知識やスキル、及び著書で得た知識を教員補助員に研修で教えることにしたのです。

毎週月曜日の勤務開始時間からおよそ10分から30分間で研修が行われました。研修の内容は「子どもの三つの行動の観察（してほしい行動・増やしてほしい行動、してほしくない行動・減らしたい行動、許しがたい行動・危険な行動）」「褒める基本」「無視・スルーの仕方」「指示の仕方」等です。

研修を行う過程で、教員補助員の子どもたちへの対応に変化が見られるようになりました。同時に、不適切な行動をとる子どもたちの行動にも変化が見られるようになりました。担任教師からも「教室からの抜け出しがなくなりホッとしている」という声が聞かれるようになりました。

以上、校長先生のリーダーシップについて述べてきましたが、校長先生の特別支援教育に対する姿勢は教職員に大きな影響を与え、全校規模で発達障害児の支援の質の向上につながっていると思います。

校内委員会の機能を高めるために

平成29年度の文部科学省の調査によると、公立の小・中学校では１００％の学校で校内委員会を設置しています[*42]。しかし、校内委員会は設置されているものの、その委員会が十分に役割を果たせているか、上野は疑問を呈しています[*46]。校内委員会の役割として、文部科学省が示したガイドラインでは「教育上特別の支援を必要とする児童等に対する支援の内容の検討」が含まれています[*47]。上野は文部科学省が実施した調査の結果を分析して、校内委員会のこのような役割が果たされていないと指摘しています。

通常学級に在籍するＡＤＨＤ児の指導に困難を感じている担任教師に対して、校内委員会が適切な支援を差し伸べるためには、ガイドラインに示されている「必要に応じて、特別の支援を必要とする児童等の具体的な支援内容を検討するためのケース会議を開催」することが不可欠です。

アメリカの校内問題解決チームの役割

日本における校内委員会に相当する組織がアメリカにおいても、すべての学校に設置されています。校内問題解決チームと呼ばれています[*48]。このチームは通常学級に在籍する障害の疑われる児童生徒を、**特別支援教育プログラムの適用を評価する公的機関**（「Multidisciplinary evaluation team」と呼ばれ、以下「**M評価チーム**」）に照会する前に校内で、対象の児童生徒の障害について吟味するためのチームです。担任教師の不適切な対応や指導によって、障害が疑われる状態になっていないかを検討します。

このようなチームが各学校に設置されるようになった背景には、特別支援教育に費やされる費用が国内で急激に増加したことがあげられます。アメリカでは、１９８０年代に入り、Ｍ評価チームに照会される児童生徒が急激に増加したためです。

校内問題解決チームのメンバーは、対象児童生徒の問題となる行動の原因と結果を把握するために、その児童生徒が在籍する学級に赴き、直接観察します[*49]。観察する対象はそれだけでなく、学級内で実施されているカリキュラム、学習課題、教師の指示の仕方、対象児童生徒に対する担任教師の対応、及び児童生徒間の人間関係も観察の対象となります。

校内問題解決チームは観察の結果を基として、担任教師とともに対象児童生徒への介入方法を検討し、支援計画を作成します。担任教師はその計画に基づき実際に対象児童生徒の指導を行います。一定期間を置き、校内問題解決チームは介入の結果を評価します。校内問題解決チームによる担任教師への支援はこのように行われますが、この支援の効果が実証されています[*50]。

校内委員会による具体的支援方法の提示

日本においても、通常学級に在籍するＡＤＨＤ児に指導上困難を感じている担任教師に対して、校内委員会はより具体的な支援方法を提示することが求められます。その方法は担任教師と共に考えられなければなりません。

従来から、支援方法の計画は「個別の指導計画」という形で作成されてはいますが、具体性に欠ける計画になっていることが少なくありません。対象となるＡＤＨＤ児の不適切な行動や学習のつまずきを特定し、それらを解決するためにどのような支援を行うか、より具体的な指導計画を作成することが求められます。

そのような指導計画を作成する際には、校内委員会のメンバーから様々なアイディアを提供してもらうようにします。メンバーの中には、対象となるＡＤＨＤ児の行動と同じような行動を示す子どもを過去に担任した経験を持つ教師が複数いるはずです。そのような教師から経験談を提供してもらい、指導計画作成の参考にすることが重要であると思います。

校内委員会ではまず、ＡＤＨＤ児個人を対象とした指導計画が作成されなければなりません。それに加えて、学級全体の子どもを対象とした「学級づくり」「わかる授業づくり」の支援計画を作成することも重要であると考えます。それは、上述したように「学級づくり」や「わかる授業づくり」が良好に機能することによって、ＡＤＨＤ児の不適切な行動がコントロールされ、級友と良好な関係を築きながら学級生活を送っていけるからです。アメリカの校内問題解決チームと同じような役割を担うのです。校内委員会のメンバーが、「学級づくり」や「わかる授業づくり」の支援を行うのです（**図14**参照）。

そのためには、校内委員会のメンバーに教科指導や学級経営に優れた指導力を持つ教師にも参加してもらいます（校内には必ずそのような教師がいるはずです）。

校内委員会のメンバーはアメリカの校内問題解決チームと同様に、対象となるＡＤＨＤ児が在籍

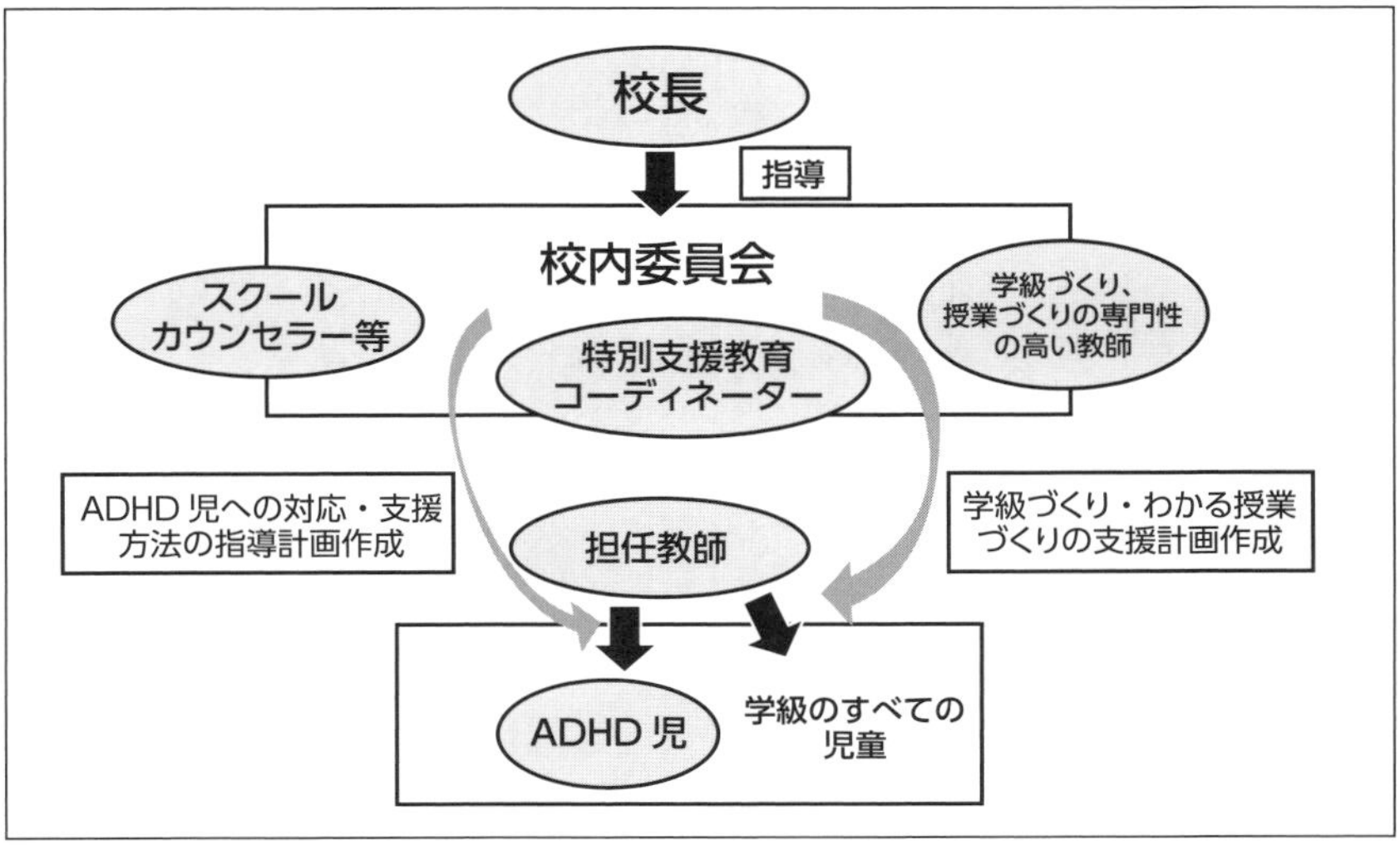

図 14　校内委員会の役割

する教室に交互に入り、観察します。その際にＡＤＨＤ児の行動だけではなく、学級の子どもたち全員の授業の取り組みの状況や、子どもどうしの関係についても観察します。そして観察の結果を基にして、担任教師とともに対象となるＡＤＨＤ児への支援方法、及び「学級づくり」、「わかる授業づくり」の支援方法を検討し、支援計画を作成します。担任教師はその計画に基づき実際に支援します。一定期間を置き、校内委員会は支援の結果を評価します。このようなことが行われれば、通常学級に在籍するＡＤＨＤ児の支援がより質の高いものになると考えられます。

教師の協働による支援システム

現在、ＡＤＨＤなど発達障害のある子ども、あるいは発達障害が疑われる子どもがほとんどの学級に在籍しています。これら特別な支援を必要としている子どもたちを、学級の中だけで支援するという考えを変えて、全職員が全学級のこのような子どもたちを支援するという目的で支援システムを構築している学校があります。

交換授業による一部教科担任制の導入

一部の特定の教科（例えば、音楽科や家庭科等）についての授業を専科の教師が担当するシステムは、小学校においても高学年で行われてきました。しかし、Ｈ小学校では３年生の段階で一部教科担任制を実施しました。その年の３年生は４学級あり、特別な支援を必要としている子どもたちが十数人在籍していました。その学年は１年生の頃から、学年全体に落ち着きがなく、授業中の立ち歩きやざわつき、級友どうしのトラブルが絶えない状態でした。担任教師が黒板に向かっている間に、子どもたちの喧嘩が起こるということがたびたびありました。教室からの飛び出し、さらに集団で学校から飛び出すということもありました。

この学年の子どもたちは、４人の教師が４学級の全員の子どもを担当するという視点で子どもたちを協働で指導にあたるという方針を立てました。

例えば、理科、社会、音楽、図工の教科について、４人の教師が得意な教科を担当し、全学級の授業を担当するのです（国語、算数の授業は各学級の担任教師が行う）。このような交換授業による授業風景を校長先生は次のように描写しています。

４組では１組のK先生が図工の版画の下絵を描く指導をしていました。みんな先生の方を見て、話をしっかり聞いていました。①頭の大きさはげんこつ以上、②体すべてを入れようとしない、③できるだけたんじゅんに、④左右ぎゃく、と板書されていました。K先生も子どももお互いにすっかりなじんでいる感じがしました。

このような取り組みを全学級で継続した結果、子どもたちに次のような変化が見られるようになりました[*51]。

①　担任教師に甘えが生じがちで真剣に授業に取り組む態度が弱い子どもたちが、他の学級の教師が授業をする時には、真剣に授業を受けようとする態度が見られた。

②　担任教師の授業にはなかなか参加できなかった子どもが、交換授業では意欲的に取り組んで、板書をノートに写したり、挙手して発言する様子が見られるようになった。

③　担任教師に対してはあまり見せなかった望ましい側面を、他の学級の先生には見せるようになった。

担任教師と子どもたちの間であまり親密になりすぎて、子どもたちの学習する態度が緩みがちになることがあります。そのような状態になった時、学級担任以外の教師が授業を受け持つことにより、緊張感が生じ学習態度が変わることがあります。①の結果からもそのことはうかがえます。また、すべての教師がすべての教科について「わかる授業づくり」ができるわけではありません。担任教師によって専門性の違いがあり、教科によって得手、不得手があります。不得手な教科の授業では、子どもたちの授業の参加の姿勢が消極的になってしまいます。

この学年では4人の教師が自分の得意な教科について4学級の授業を担当することになりました。そうすることによって、1週間の授業の中で「わかる授業」の割合が多くなるはずです。その結果、②、③のように教師によって子どもの学習の取り組みが異なったのではないかと推測されます。

一方、教える教師側にも次のような意識の変化が見られるようになりました。

④　担任どうしが情報交換することで子どもの変化を確認し、声がけや支援をどのようにすればよいか話し合うことができた。そうすることで一人で悩むことがなくなった。

⑤　授業中に気になる子どもの情報を学年の教師間で共有でき、効果的な支援方法を見つけた時、その方法で学年の教師全員で取り組めるようになった。

交換授業による教科担任制は教師側にとっても、指導上望ましい効果が得られているようです。まず、特別な支援が必要とされる子どもたちの行動や特徴について、教師間で共通理解ができたということです。ＡＤＨＤ児の特性をよく理解している教師は、なるべく叱責することを避け、褒めることを多くしようと心がけています。ところが、同じＡＤＨＤ児に対して、その子どものことをよく理解していない教師は、その子どもの行動を見て、激しく注意したり叱責してしまうことが往々にしてあります。

交換授業によって、同じ学年の教師が、その学年の子どもたち全員に深く関わることができ、教師間の子どもたちの共通理解が可能になります。その結果、特に発達障害児にとっては、教師間のちぐはぐな対応による混乱を避けることができるようになるのだと思います。

また、子どもたちの不適切な行動に対して、今までの視点を変えて対応をしたところ、不適切な行動が軽減されたということがよくあります。その効果的だった対応方法を、同じ学年の教師に共有してもらうことが可能になったようです（⑤の情報から）。このようにして、教師間で効果的な支援方法を蓄積していけば、当然のことながら子どもたちの行動にも変化が見られるはずです。

このような取り組みを継続した結果、どの学級でも子どもたちは落ち着いて学習に取り組めるようになりました。その結果、当然ながら毎年行われる学力検査の平均点も顕著に向上するという結果を得ることができました。Ｈ小学校では、翌年から他の学年でも交換授業による教科担任制が導入されることになりました。

地域の教育力を活かした取り組み

Ｈ小学校の３年生の子どもたちに望ましい行動変容をもたらした教育的取り組みがもう一つあります。「地域の一員としての自覚をもち、仙台・八幡を大切にする心を育む教育の実践」という取り組みです[*52]。総合的な学習の時間に、３年生の４学級の子どもたちが全員で地域の人たちと交流するという活動を行いました。

この学習の主要なねらいは、①地域の人たちと触れ合いながら、郷土を愛する気持ちを育てる、②命を大切にし、身近な環境を大切にしようとする心を育む、というものです。しかし、一方、この学年の教師たちは隠れたもう一つのねらいを持っていました。③学校や家庭という甘えが通用する世界から「地域」という世界に一歩外に出ることによって、外の世界では甘えが通用しないこと、現実の世の中の厳しさを少しでも体感し、「我慢」することの大切さを学ばせたい、というねらいです。

このねらいを設定した背景には、この学年の子どもたちは全体的に落ち着きがなく級友どうしでのトラブルが頻発するという状態にあったからです。その要因として、「全体的に幼く自己中心的で感情の抑制がきかない児童が多い」「独りよがりで、他を意識して生活することがなかなかできない」ということが考えられました。そのような子どもたちの中には、発達障害が疑われる子どもも含まれていました。

実際に、「広瀬川と仲良くなろう」という学習と「仙台七夕に参加しよう」という学習に取り組みました。「広瀬川と仲良くなろう」という学習では、「アユの放流」「水生生物を調べよう」「広瀬川をきれいにしよう」などの取り組みをしました。

学校から飛び出て、地域の人たちから多くのことを教えてもらいました。釣具店の方からはアユの放流の仕方を、環境レスキュー隊の方からは水生生物の調べ方を教えてもらいました。そして、広瀬川河川敷のゴミ拾いをして、地域の環境を良くするお手伝いをしました。

「仙台七夕に参加しよう」という学習では、仙台の伝統的な行事である七夕祭りに参加することになりました。実際に七夕飾りを制作するのですが、それを校内に飾るというのではなく、七夕当日に市の中心部の通りに、商店街の店で作った飾りと一緒にそれを飾ることにしたのです。

紙専門店の方に、本物の七夕飾りの作り方を教えてもらいました。そして、３年生の子どもたちが役割分担をして飾りを作りました。「吹き流し」「わっか綴り」「網飾り」などを分担して責任を持って制作しました。できあがった七夕飾りを、商店街の人たちに手伝ってもらい、中心部の通りに飾りました。このような活動を通して、子どもたちに次のような変容が見られたことを教師たちは記述しています。

① 集団・地域というものを意識し、誰かの役に立つという実感を持てるようになった。
② 地域の人に対し礼儀や感謝の気持ちが生まれ、聴く態度が育っていった。
③ 肌で感じる人と人とのつながりや支え合いの思いが級友間で伝わり、自然と笑顔になり級友に優しくなれた。
④ 自分の立場や、自分が集団の中の大切な一人であることに気付き、学校生活や級友との関係がより円滑に行えるようになった。

学年全体の子どもたちのこのような行動変容は、当然のことながらＡＤＨＤ児の行動にも影響を与えます。ＡＤＨＤ児だけに焦点を当てて行動変容を試みるのではなく、子ども集団全体の行動変容を試みる過程で、ＡＤＨＤ児を包み込みながら、結果的にＡＤＨＤ児の行動も変容していくのです。

本来、地域の教育力として、社会規範や道徳心、社会的なマナー、自己抑制力等、社会生活の基本的な態度を育んでいく働きがあると思います。Ｈ小学校のこのような取り組みは、地域の教育力を最大限に活用した教育実践と言えるでしょう。

協働で個別支援の場を運営する

ＡＤＨＤ児には学習上のつまずきを示す子どもが少なくありません。その要因は、ＡＤＨＤ児によって様々です。ある子どもは注意集中困難により授業についていけなくなるため、ある子どもはＬＤが伴っていて読み書きが困難なため、ある子どもは知的発達レベルが境界線の範囲に位置しているためなどが原因となって、学習のつまずきが表れてきます。

このような学習上のつまずきを示すＡＤＨＤ児には、通常学級の授業中の担任教師による配慮が必要です。さらに、その子どもの理解度に応じた個別的な学習支援も必要になってきます。

ところが学校の中で、こうした子どもに個別的な学習支援の場を設定することはそう簡単なことではありません。通級指導教室で個別的な学習支援が行われていますが、すべての学校に通級指導教室が設置されているわけではありません。さらに、通級指導教室で個別的な支援を受けられても、せいぜい週に1時間か2時間程度です。

Ｋ小学校では、全校の職員が協働して、そのような子どもたちへの個別支援の場を設定して運営しています。「ハッピールーム」という教室です。この教室には二つのグループの子どもたちが通ってきます。不登校の傾向を示し学級の中になかなか入れない子どもたち（5名程度）と、学習につまずきを示す子どもたち（12名）です。「ハッピールーム」の担当者はコーディネーターが専任で勤めていますが、その教師1人で、教室に通ってくる子どもたち全員に対応することは不可能です。そこで、校内の全職員が協働してこの教室の子どもたちの支援に関わっています。それは、専科担当教師、学級担任教師、学年主任、指導補助員、国際教室担任教師、算数学習支援員（非常勤）、さわやか相談員（非常勤）、学校心理士（非常勤）たちです。

専科担当教師は空き時間に、学級担任教師は、専科担当教師が自分の学級の授業を行っている時間に、その他の職員も、本来業務の傍ら、空き時間に「ハッピールーム」で子ど

写真２　ハッピールームの教室空間

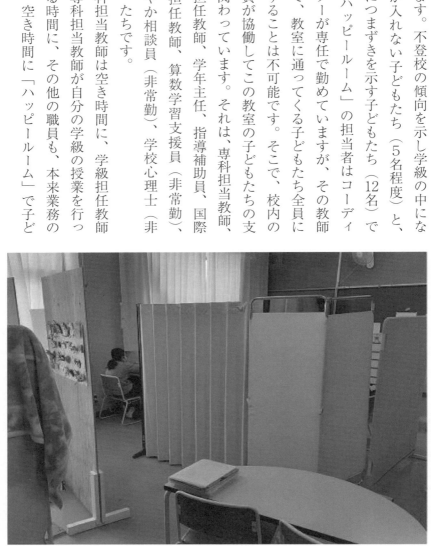

もたちの学習支援をします。

その教室を利用する子どもたちは、登校した時点で、学級担任教師とその教室に通う時間を話し合って決めます。「ハッピールーム」の教室には個別支援ができるようにパーティションで仕切った個別空間が用意されています（**写真2**参照）。

業間や給食後の休み時間には、「ハッピールーム」を開放し、学校の子どもたちが自由に出入りでき、遊ぶことができます。このような配慮があれば、「ハッピールーム」は特別な子どもが来るというネガティブな印象を与えることを避けることができます。

年度当初に校長先生は研修会を開いて、特別な配慮を必要とする子どもたちの支援の重要性について、全職員に理解を求めています。そして、「ハッピールーム」の運営について全職員で支えていくことの共通理解を図っています。

以上、ＡＤＨＤ児への学校レベルの支援について述べてきましたが、このような支援は、本来、ＡＤＨＤ児だけでなく、発達障害児にも、さらにすべての子どもたちに必要とされる支援です。このような取り組みを継続的に行うことによって、学校全体の教育の質の向上がもたらされると思います。

コラム①

先生たちのチーム力で成長したＪ君

Ｊ君は自閉症スペクトラム障害とＡＤＨＤとを併せ持っていると診断されています。小学１年生の時は通常学級に在籍していましたが、粗暴な行為や不適切行動が顕著だったため、２年生から自閉症・情緒障害特別支援学級に入級することになりました。Ｊ君は知的発達レベルが高く、ＩＱ１２２でした。支援学級では主として、教科の指導を個別に受けていました。４年生の時に特にパニックが頻発しました。その頃に私は母親から相談を受けました。５年生から通常学級に在籍し勉強させたいがどのようにしたらよいか、という相談でした。私は、校長先生に通常学級への移籍を正式に依頼することを勧めました。

５年生になりＪ君は通常学級で学習することになりました。校長先生はＪ君の担任教師として、高い指導力を持つＳ先生を配属しました。通常学級に入ってもＪ君の不適切な行動はあまりおさまりませんでした。特に下級生への乱暴な行為が目立ちました。そこで、Ｓ先生からＪ君への対応について私は相談を受けることになりました。

Ｊ君への対応について、話し合う場が設定されました。そこには、Ｊ君のご両親、Ｓ先生、特別支援教育コーディネーターのＫ先生（Ｊ君を通級指導教室で指導）、校長先生、教頭先生、それからＪ君が利用している児童館の館長と指導員の先生が一堂に会しました。そして、学校、家庭、児童館のそれぞれの場でのＪ君の行動について情報交換をしました。

私は、Ｊ君の理解力が高いことからソーシャルストーリーを作成し、Ｊ君の行動が友だちからどのように捉えられているか、自分の不適切な行動をどのようにコントロールするか認識してもらうことを提案しました。

学校ではＳ先生が毎朝、そのソーシャルストーリーをＪ君と読み、その内容を確認しました。児童館でも同じような対応をしてくれました。そして、年間で３回ほど、Ｊ君と関係する人たちが集まり、Ｊ君の変化の様子や、さらに、どのように対応するかについて話し合いました。その結果、Ｊ君の不適切な行動はほとんど見られなくなりました。５年生の最後に書いたＪ君の作文は次のようなものでした。

「５年生ではＳ先生といっしょに自分の体と心をコントロールする勉強をしました。友だちとの付き合い方が４年生の時よりは、コントロールできるようになりました。これからも心と体のコントロールの仕方、カッとなった時にどうするかを細かく勉強し、もっと楽しい６年生を送りたいと思います」

Ｊ君への対応について、Ｊ君に関係する人たちが一堂に会して情報を交換し、それぞれの知恵を出し合うことによって、このような成果がもたらされたと思います。チーム力の大切さを知りました。

コラム②

「鬼滅の刃」が築いたつながり

小学2年生のＬ君の話です。１年生の時は頻繁に教室から出て、自分の席に座っていることはほとんどありませんでした。Ｌ君に付き添っていた支援員や教頭先生が学校中をいつも探し回っている姿が見受けられました。

しかし、翌年にＬ君の学級を訪れると、Ｌ君は自分の席に座り、教室から出ることはありませんでした。授業に集中しているという状態ではありませんでしたが、教室内で級友たちとほぼ同じような行動をとって学習に参加していました。そのような状態になった要因は、Ｌ君の担任教師の指導力、すなわち学級経営の力量や質の高い授業を行う力量が高かったということが考えられます。

教室内でのＬ君の様子を観察していますと、さらに別な要因があることに気付きました。それは、担任教師もＬ君も「鬼滅の刃」が大好きで、二人は「鬼滅の刃」を通して密接な関係が築けたのではないかと思われたのです。

担任教師は、子どもたちの学習を評価するのに、すべて「鬼滅の刃」の様々な登場人物のスタンプを使用していました。Ｌ君はもちろん級友たちもそのスタンプをもらうことを喜んでいました。

Ｌ君の担任教師は女性でしたが、実はＬ君は彼女を少し怖がっていました。Ｌ君も級友たちも好ましくない行動をとった時には厳しく叱責されるからです。例えば、掃除当番の子どもたち（その中にＬ君も入っていました）が怠けていた時に、担任教師はその子どもたちに廊下に出て立っていることを命じました。子どもたちはその命令に素直に従っていました。

そのようなことはありましたが、Ｌ君は担任教師が大好きです。昼休み時間などに、担任教師が自分の机に座っていると、Ｌ君は彼女に近寄り、「鬼滅の刃」の話をするのです。担任教師もＬ君と一緒に「鬼滅の刃」の話に夢中になります。

二人は「鬼滅の刃」でつながっているのです。

第Ⅲ章　ＡＤＨＤ児への医療の基本的考え方

❶ ＡＤＨＤ児への薬物療法の基本的考え方

薬物療法への担任教師の期待

ＡＤＨＤ児の担任教師は、ＡＤＨＤ児が教室内で示す行動にどのように対応したらよいのかわからず混乱することが少なくありません。そのことにより担任教師は強いストレスを抱く場合があります*53。

ＡＤＨＤ児の対応困難な行動を早期に改善することを願って、担任教師は、医療、特に投薬を受けて行動が改善することを期待することが少なくありません。多くの場合、保護者は学校から児童相談所や発達相談支援センターなどの相談機関に行くことを勧められます。保護者はその勧めに応じて相談機関に行き、さらに医療機関を紹介されます。

ＡＤＨＤ児への薬物療法の判断基準

保護者は相談機関から紹介された医療機関に行きます。そして、投薬について学校から要請されたことを医師に伝えます。しかし、医師は保護者からの依頼、学校からの依頼にすぐ応じるわけではありません。

ここで、ADHD児への医療機関における治療・支援についての基本的考え方を概観してみることにします。

ADHDの診断・治療方針に関する研究会発行の『注意欠如・多動性障害―ADHD―の診断・治療ガイドライン　第4版』[*6]には、治療・支援の基本的な考え方が次のように示されています。

> ADHDの治療・支援はあくまでもADHDの確定診断を前提におこなわれるべきもので、とりわけ薬物療法ではこの基準に厳密であることが求められる。（中略）ADHDの治療・支援は環境調整に始まる多様な心理社会的治療から開始すべきであり、本ガイドラインはまず薬物療法ありきの治療姿勢を推奨しない。あくまでも薬物療法は心理社会的効果が不十分であることを確認したうえで、あわせて実施すべき選択肢である。

薬物療法は一定の基準以上の症状を示すADHD児にのみ開始されます。DSM-5におけるADHD重症度（軽度・中等度・重度）の定義とGAF（機能の全体的評定尺度）[註8]の両者を総合して評価が行われます。「中等度」のADHDの症状を示していたなら、薬物療法が開始される、と示されています。しかし、「中等度」のADHDの症状を示していても、環境調整と心理社会的治療に一定期間（少なくとも3カ月間）挑戦し、それでも改善が得られないと判断したケースのみ薬物療法が開始されます。

学校教育の現場でＡＤＨＤ児の指導・支援に携わっている教職員として、以上の記載の中で、「環境調整と心理社会的治療に一定期間（少なくとも3カ月間）挑戦し、それでも改善が得られないと判断したケースのみ薬物療法が開始される」ということに留意しなければならないでしょう。では、ここで示されている「心理社会的治療」とはどのようなものでしょうか。

② ＡＤＨＤ児に対する心理社会的治療

ＡＤＨＤ児の心理社会的治療は、「**環境調整**」「**親への心理社会的治療**」「**子どもへの心理社会的治療**」「**学校など関連専門機関との連携**」という4領域の治療・支援によって成り立っています（Ｐ34**図2**参照）。この4領域の治療・支援の領域において、「親への心理社会的治療」と「子どもへの心理社会的治療」は、基本的には、医師、あるいは臨床心理士等の専門家によって実施されます。学校教育サイドでは「環境調整」と「学校などの関連専門機関との連携」の領域の一部を担うことになります。

環境調整とは

環境調整とは、ＡＤＨＤ児の「困り感」に沿って、本人が生活しやすいように周囲の環境を工夫することです。

環境調整は、さらに物理的環境調整と人的環境調整に区分されます。本人の生活の場である家庭と学校の双方における物理的環境と人的環境の状態を把握することが重要です。ここでは、学校における環境調整について述べていきます。まず、教室における物理的環境調整の例です。

●座席は先生からの支援が行いやすい距離に位置付ける（前列など）。
●黒板の周辺には気が散る掲示はしない。
●次の行動の手がかりとなる掲示を視覚的に工夫する（行動スケジュール表など）。
●教室運営のルールを明確に示す。　等

ＡＤＨＤ児の注意が持続するように環境を設定することが重要です。また、学習行動の流れを視覚的に提示しておくことも重要です。注意集中困難のために何をしたらよいかわからず混乱することに対処するためです。

人的環境調整は、教室内で展開される教師や級友などとの人間関係を調整することです。担任教師はＡＤＨＤの特性をよく理解して子どもと関わっていかなければなりません。前提として、ＡＤＨＤ児との信頼関係をしっかり形成することが大事です。信頼関係の形成の仕方については、「第Ⅱ章　３　個別レベルの支援」（Ｐ52）を参照してください。

級友との関係づくりも重要なポイントとなります。ＡＤＨＤ児が級友と良好な関係を築いて生活を送るためには、学級全体の級友どうしの人間関係を良好なものにすることが不可欠です。級友どうしが支え合う関係にあり、お互いを尊重できる関係にあれば、そのような環境はＡＤＨＤ児にとっても心の居場所になり、安定した学級生活を送ることができます。

そのような観点から「学級づくり」（学級経営）はＡＤＨＤ児の望ましい行動を形成するための重要な要素となります。「学級づくり」の方法については、「第Ⅱ章　４　学級レベルの支援」（Ｐ88）を参照してください。

親への心理社会的治療

「親への心理社会的治療」は主として「**親ガイダンス**」と「**ペアレント・トレーニング**」という形で行われます。

ＡＤＨＤは一般的には認識されにくい障害です。そのため、障害がないと判断されやすく、その誤解から子どもの示す多様な言動は、本人の責任か養育者の責任のどちらかにあると判断されることが少なくありません。そのようなこともあり、保護者は子どもの育ち方を内心不安に感じつつ養育することになります。周囲からは、しつけが不十分という誤解を受け、非難されるため、一人で悩みを抱え込む状態になります。そのような折に「親ガイダンス」により、ＡＤＨＤの発達障害としての特性、一般的な心身の発達経過、予想される問題への対処方法などの情報を提供します。そして、よりよい支援を実現するために現実に起きている問題を検討します。

さらに、家庭での声のかけ方、関わり方、褒め方、注意の仕方など、具体的な対応方法が教えられます。このような親機能の回復を目指した「親ガイダンス」は、ＡＤＨＤ児の治療・支援にとって持続的で有効な支援となります。

「ペアレント・トレーニング」は、養育に自信をなくし、抑うつ感にとらわれがちになる保護者に対して、プラスの親子関係へと転換させる目的で行われます。

ＡＤＨＤ児は、たびたび周囲の人とトラブルを起こすため、保護者は常に第三者との関係に神経を使い、精神的に疲労困憊の状態が続くことがあります。保護者の怒りは子どもに向かい、やがては自分自身へと内向し、子どもの行動を改めようとすればするほど、親子の関係は悪化し、悪循環が生じてしまいます。そのような状態の保護者に「ペアレント・トレーニング」が適用されます。

子どもの行動に焦点を当て、その特徴を理解し、それに対して適切な対応方法を習得してもらえるようにプログラムが編成されています。それぞれのセッションでは、子どもの行動を改善させるためのテーマ（例えば、「好ましくない行動を減らす」「子どもの協力を増やす」等）が設定され、保護者はそれを学習していきます。学習した対応方法を次回のセッションまで家庭で子どもに対して行います。次回のセッションでは、家庭で行った実践の結果を報告します。このような手順でトレーニングは行われます。この過程が繰り返され、肯定的な対応方法を保護者は学習していきます。このように、子どもに対する行動を変えることによって、ＡＤＨＤ児との関係が改善し、保護者にとって日常的な大変さが減少していくことになります。

私が所属している特別支援教育研究室においても、９回のセッションからなるペアレント・トレーニングを行っています*54。９回のセッションが終わった段階での保護者の反応から、このトレーニングの効果が大きいことがうかがい知れます。あるセッションにおいて、家庭で子どもの行動をどのように褒めるかを学習しました。「褒め方の基本」「褒めるポイント」「注意点」等についても、学習しました。

学習した内容を実際に家庭で実践し、保護者も達成感を感じることができています。例えば、子どもが初めてお風呂を洗ってくれた時に、母親が「お風呂を洗ってくれたのね。ありがとう」と褒めると、子どもから「僕の係りにするよ」という返答があったことが報告されています。その時の母親の感想は、「とても嬉しかった。これからもしてくれると嬉しいと思った」「怒らないで待って、褒めた甲斐があって嬉しかった」と述べています。

保護者は、自分が褒めることによって、子どもの望ましい行動が増える事実を目の当たりにして褒めることの重要性を実感しているようです。また、褒めることに慣れてきた保護者は、余裕がでてきて褒める以外にも優しい言葉をかける、新たな気付きを得る、怒らなくなる、子どもをかわいいと感じる等、保護者自身にも変化がもたらされるようです。

ペアレント・トレーニングで学習する内容には、学校の教職員も学ぶべき事柄が多く含まれています。

子どもへの心理社会的治療

ＡＤＨＤ児が医療機関で受診する時点では、ＡＤＨＤ児の多くは自己否定感や自己不全感を抱いていることが少なくありません。治療・支援者はカウンセリングを通して、最終的にはＡＤＨＤ児が自分自身の障害特性を認知して、保護者や専門家の協力のもとで自分なりの解決方法を考えられるように導いていきます。

より専門的な心理社会的治療を追加する必要があると判断された場合には、個人療法として、「**アンガーマネージメント**」「**行動療法**」及び「**小集団ソーシャル・スキル・トレーニング**（以下、**小集団ＳＳＴ**）等が行われます。

アンガーマネージメントは、衝動性や多動性が激しく、感情に翻弄されやすいＡＤＨＤ児に適用されます。他の人が簡単にできることが自分にはできないことへの怒り、注意や叱責する周囲の人たちへの怒りによって、情緒的に不安定な状態になることがあります。怒りを爆発させることにより本人自身も後悔したり、自尊心が下がってしまうことにつながります。アンガーマネージメントは、怒りを爆発することを減らし、怒りを回避する方法を身に付けることを目的としています。具体的には、「怒りを大爆発させないための応急処置」「怒りにくいやり方を身に付ける」「プラスを増やして怒りを防ぐ」等の方法を実際の訓練を通して学習していきます[*55]。

行動療法は、心理的問題や行動上の問題を抱える人に、その問題の解決のために、心理学の「学習理論」を適用した心理療法の一つです。ＡＤＨＤ児に対して、不適切な行動をなくし、望ましい行動の習得を促進することを目標として、行動療法の考え方を活かした対応方法が通常学級においても実施されています（その具体例はＰ77頁参照）。

ＡＤＨＤ児を対象とした**小集団ＳＳＴ**では、社会生活や学校生活において必要なルールや、人間関係を築くためのスキルを、模擬場面を通して学習していきます。

具体的には、集団に参加するスキル、言語的・非言語的コミュニケーションのスキル、自己コントロールのスキルなどを学習します。例えば、「友だちのいいところを見つけよう」「ていねいな頼み方を考えよう」「あたたかい言葉について考えよう」などのテーマが設定され、グループの子どもたちで話し合ったり、実際に演じてみたりして学習していきます。

従来では療育機関や大学の臨床研究の場面で、小集団ＳＳＴが多く実施されていました。近年では学校においても、小集団ＳＳＴが通級指導教室などで行われるようになっています。

しかし、最近この小集団ＳＳＴの効果について疑問視されるようになってきています[*56]。日常的に関わっていない子どもたちで集団を構成し、特定の場面で、日常接していない専門家によってトレーニングがされますが、その場面では適切なソーシャルスキルが習得されても、その子どもが学校場面で必ずしも良好な対人関係を築けていないのでは、という疑問が生じているのです。家庭では不注意、多動、衝動性とも大きく改善したが、学校場面では軽度の改善にとどまっていた、また、自己肯定感の回復については個人差が大きく、学校場面でのスキルの般化と達成感に課題があるという報告もあります。

学校及び他の専門機関との連携

ここでは主として医師と学校との連携について述べます。

医師は、ＡＤＨＤ児支援のために担任教師との連携が不可欠であると考えています。担任教師との情報交換や医療的視点からのアドバイス、教師側からの医療に期待する要望等の聴取を通じて、医師は支援の方法を検討していきます。医師は、学校側のＡＤＨＤ児の対応によって生活上の問題を軽減することに期待を寄せています。学級、学校では、集団で支え合い、認め合う力で個々の存在を包み込むという相互作用が機能しています。集団での支え合い、認め合いという作用がＡＤＨ

Ｄ児に働いて、社会生活上の問題が軽減されると考えられます。医師はそのことを期待しているのです。

ＡＤＨＤ児に投薬が行われている場合、担任教師はＡＤＨＤ児の学校での行動を詳細に観察して記録しておくことが望まれます。保護者とその子どもが定期的に病院に行く時に、その記録を持参してもらい、医師に提示するようにするのです。その記録を見て、医師は現在投薬している薬の種類や量が適切に機能しているかを判断することができます。

専門機関へ紹介する前の担任教師と保護者の信頼関係の形成

他の子どもと比較して、教室で著しく多動で落ち着きがない、友だちとのトラブルが多い、という行動が観察された場合、保護者との連携を密にしてその子どもの行動についての情報を交換することが求められます。一方で、担任教師はまず自分の「学級づくり」や「わかる授業づくり」を自己点検し、改善すべきところがあれば改善するよう努力すべきでしょう。そのような努力を一定期間行っても子どもの行動に変容が見られなかった場合、担任教師は校内の特別支援教育コーディネーターや管理職と相談して、保護者に児童相談所や発達相談支援センターに行くことを勧めることが望まれます。多くの保護者は学校の勧めに応じて、そのような機関に行き、障害について診断されたり支援上の助言を受けてきたりします。

　しかし、一部の保護者の中には、学校の勧めを受け入れず、学級での不適切な行動がそのままの状態で放置されることがあります。最悪の場合、その不適切な行動がさらに顕著になり二次障害が生じることがあります。

　保護者が学校の勧めを受け入れない理由として最も多い指摘は、父親も小学生の頃、学校で同様の行動をとっていた、そのうちに落ち着いてくるから心配ない、というものです。また、家では不適切な行動は見られないが学校でそのような行動が多いのは学校の指導に問題がある、と指摘する保護者もいます（実際は、家庭でも落ち着かない行動があったり、親に暴言を言ったりする場合があります）。自分の子どもの行動を客観的に見ることを避けようとするのです。

　保護者が学校の勧めを受け入れないという理由で、保護者との関係を遮断してしまうことは避けるべきです。ＡＤＨＤ児の行動の改善には担任教師と保護者との間で信頼関係を形成することが不可欠です。そのために留意すべきことがあります。

●まず保護者の信頼を得る

　保護者の担任教師への信頼は、まずは子どもの担任教師への信頼から生まれます。例えば、担任教師が指導に一貫性を欠いたり、子どもたちとの接し方に不公平感を感じさせるようなことがあれば、子どもたちは担任教師への信頼感を失うことになります。そして、その思いは子どもたちの口から保護者に伝えられることになります。反対に、担任教師が深い愛情を持って、日々子どもの教育に努力する姿を見せていれば、保護者はおのずから教師に対して信頼を深めます。

●専門機関を紹介する前にまず保護者と情報交換をする

保護者との信頼関係が形成された段階で、突然、保護者に対して専門機関を勧めても保護者はすぐその勧めを受け入れるとは限りません。担任教師の勧めを聞いてショックを受けたり極度に不安を感じることがあるからです。専門機関を紹介する前に、保護者との連絡を密にして情報交換をすることが大切です。

子どもの学級での行動の様子を保護者に連絡ノートなどで伝えます。担任教師が、子どもの問題点ばかりを指摘すると、保護者は担任教師に不信感を抱くようになります。伝える内容は、気になる行動ばかりではなく、子どもの望ましい行動や成長した点も含むようにします。そのようなことを継続しているうちに保護者のほうも、家庭での子どもの気になる行動を担任教師に伝えるようになります。連絡ノートや面談によって、子どもの様子についての情報を共有するのです。その過程で保護者が必要と感じられるようになったら専門機関を紹介するようにします。いわば保護者に、専門機関への勧めを受け入れるための気持ちの土壌を作ることが大切です。

●誠意をもって発言する

保護者にとって担任教師の言葉、とりわけ自分の子どもの行動についての発言は、一喜一憂する大変重みのあるものです。それだけに、担任教師は保護者を不安がらせたり、不満を感じさせるような発言を極力避け、保護者の気持ちを考えた慎重な発言をしなければなりません。教室内での子どもの不適切な行動ばかりを伝え、精神科へ行くことを安易に勧めたり、ＡＤＨＤではないかとストレートに伝えたりすることは厳に避けなければならないことです。

以上、医療サイドが考えるＡＤＨＤ児への心理社会的治療・支援について述べましたが、治療・支援のアプローチの仕方は単一の方法（例えば薬物療法）のみによるのではなく、「環境調整」「親への心理社会的治療」「子どもへの心理社会的治療」「学校、及び他の専門機関との連携」と複数のアプローチによって構成されています。それは、様々な専門領域との連携によって成り立っている、いわば包括的な治療・支援の方法が採用されているのです。

包括的な治療・支援が採用されるのは、ＡＤＨＤの状態像が、生物学的要因の上に心理社会的要因に影響されるからです。これらの相互作用の結果により、ＡＤＨＤ児一人一人の行動が影響されると理解されているからです。

養育環境・教育環境が良好であれば、薬物療法がなくとも症状はそれなりに乗り越えられ、子どもの良い側面が自然に引き出されることがあります。このことは、しばしば臨床的に経験され、報告されています*[57]。一方で、心理社会的治療・支援を重視せず、周囲の人（学校であれば教師）の不適切な対応によりＡＤＨＤ児の対人関係を破綻させることがあり、様々な心身症状を併発させる場合があります。

上述したガイドラインでは、４領域の治療・支援をバランスよく組み合わせて実施すべきであることを強調しています。

③ 薬物療法への受け止め方

服薬についての保護者の様々な反応

「環境調整」「親への心理社会的治療」「子どもへの心理社会的治療」「学校など関連専門機関との連携」という４領域の治療・支援を可能なだけ実施しても、ＡＤＨＤ児の状態像があまり改善されないようでしたら、医師からも服薬を試みることを勧められます。そのような場合の保護者の反応は様々です。

まず、自分の子どもに服薬させることを拒否する保護者が一定数います。「自分も小学生の頃はこの子と同じだった。そのうち、自分のように落ち着くから心配ない」と言う父親もいます。確かに、

ＡＤＨＤは遺伝的要因も関係していますから、父親の言うことがあながち嘘というわけではありません。

一方、自分の子どもに服薬させることに躊躇する保護者も一定数います。まだ成長途上にある自分の子どもに毎日服薬させて、成長に悪い影響があるのではないかと不安に思うからです。

また、ＡＤＨＤ児に投薬する薬について社会的に問題になったことを情報として得ている保護者も、自分の子どもへの服薬にためらいを感じることがあります。その問題とは、ＡＤＨＤ児に投薬されていたリタリンについて[註9]、依存性や常習性があるという問題です。そのことが２００２年からマスコミによって、継続的に報道されたのです。また、ＡＤＨＤ児の服薬による副作用について知り合いの人から情報を得て、服薬について消極的な姿勢になる保護者もいます。

家庭でも学校でも、不適切な行動が顕著に現れることが継続している場合は、保護者は服薬を選択することが多いようです。そのような場合は、不安はあるものの生活していくうえで薬を使わざるを得ないという状況があります。そのような状況を改善するための唯一の選択肢として、保護者は薬物治療を受け入れているというのが現実でしょう[*58]。

保護者によっては服薬をやめることも

保護者によっては、一定期間服薬を継続した後に、服薬をやめようとする人もいます。薬物治療に消極的になる要因として、保護者が医師に不信感を持っている場合があります。例えば、ある保護者は、医師が受診を短時間で終わらせ、簡単に診断し投薬した、と報告しています。その薬によって自分の子どもの行動にほとんど変化が見られなかったそうです。それにもかかわらず同じ薬をいつまでも処方し続けているといいます。また、別な医師は、子どもを実際に診察せずに、保護者の情報だけで投薬を決めて、同じ薬をいつまでも処方しているといいます。そのようなケースでは、保護者のほとんどが服薬を中止しているのです。

このように、保護者が医師の診療に不信感を持ち、服薬を中止する場合もありますが、保護者の治療薬への無理解によって服薬を中止する場合もあります。ＡＤＨＤ治療薬には、即効性のある治療薬もありますが、一定期間継続して服用しなければ効果が表れない治療薬もあります。短期間服薬して効果が表れないことを理由に服薬を中止してしまうのです。

また、親が仕事で早朝に出勤することが多い場合、子どもにしっかりとＡＤＨＤ治療薬を服用させられないことがあります。そのような理由で、治療薬の効果が表れない場合があります。

医師から治療薬を処方された時点で、その治療薬の効果と副作用、処方上の注意をしっかり聞いて理解しておくことが大切です。

保護者が医療機関に行くことを望み、どのような医療機関に行ったらよいかという相談を学校が受けた場合は、日本児童青年精神学会、及び日本小児神経学会が認定した専門医が診察する病院を紹介することを勧めます。

服薬について担任教師が留意すべきこと

ＡＤＨＤ治療薬は、ＡＤＨＤを治癒させるものではありません。また、早期に治療を開始することで将来の症状悪化を防ぐものでもありません。ＡＤＨＤ児が自分自身の行動をコントロールできるように手助けするためのものです。症状を緩和し落ち着いた生活ができるなら、また、子どもが様々なスキルを習得し、個性を活かすことができるなら、薬の服用を否定的に捉えるべきではないでしょう。「やればできる」という自己肯定感の向上につながり、最終的には薬物の力を借りなくても自分でコントロールできるようになることが治療の目標となります[*6]。

ＡＤＨＤ治療薬には、朝１回の服用で有効率約70％と効果の高い薬剤もあります[*59]。私が訪問した学校で、服薬しているＡＤＨＤ児の行動を観察しますと、顕著に効果が表れていると思われる子どもと、少し効果が見られる子ども、ほとんど効果が見られない子どもがいます。効果が見られる子どもは、落ち着いて学習する様子が見受けられ、学業の成績も向上しています。一方、ほとんど効果が見られない子どもも一定数存在しています。

投薬された薬によって状態像が改善されたかどうかを判断するためには、担任教師はＡＤＨＤ児の日常の学級生活の様子を注意深く観察しなければなりません。観察の観点として次のことがあげられます。

●食欲低下、吐き気、眠気、頭痛などの薬の副作用があるか。

●不適切な行動（例えば、立ち歩きや友だちとのトラブルなど）がどの程度・頻度で現れているか。
●望ましい行動（例えば、継続的な学習の取り組み、友だちとの良好な関わり）がどの程度現れているか。

このような観点で、一定期間観察記録をとることが望まれます（**表2**参照）。

表2は一つの例です。観察したい子どもの行動を項目立てます。例えば、その子どもの行動で、「立ち歩き」が問題視されているなら、「不適切な行動」の欄に項目として記入します。

一定期間蓄積した観察記録を保護者に渡します。そして、保護者が医療機関に定期的に薬をもらいに行く時に医師に渡してもらいます。この記録用紙を見て、治療薬の種類や量が適切であるかどう

表２　服薬下での行動観察記録の例

○月○日　～○日

		月	火	水	木	金	備考
副作用	食欲不振	あり	あり	なし	あり		
	眠　気	4	2	1	3		
	吐き気	あり	なし	なし	あり		給食後に吐き気あり
望ましい行動	学習の継続時間の合計	40分	50分	60分	40分		1回の集中時間は10分程度
	仲良く友だちと	3	2	4	3		
不適切な行動	立ち歩き	3	2	3	4		国語の時間に多い
	級友とのトラブル	3	0	1	2		
	衝動的行動	5	2	3	4		級友とすれ違ったときに多い

かを医師に判断してもらいます。ＡＤＨＤ児の行動の変化や副作用の有無に応じて薬の量を変えたり、場合によっては薬の種類を変えることもあります。

子どもの日常生活の行動は家庭でも、保護者に記録してもらうことを勧めます。保護者と教師、そして医師との三者が情報を共有することによってＡＤＨＤ児への適切な投薬が行われます。このように、ＡＤＨＤ児の服薬中の観察記録をとることによって、「学校と医療機関、及び家庭との連携」をより一層深めることができます。

注釈

註1）ＤＳＭとは、米国精神医学会が作成する、精神疾患・精神障害の分類マニュアルです。正式には「精神疾患の診断・統計マニュアル」（Diagnostic and Statistical Manual of Mental Disorders）といいます。本来はアメリカの精神科医が使うことを想定して作成されたものですが、事実上、国際的な診断マニュアルとして使用されています。ＤＳＭ-５は２０１３年に出版された第5版です。

註2）この調査で示される数値は担任教師による回答に基づくものであり、医師によりＡＤＨＤと診断されたものではありません。

註3）「二次障害」という概念は教育的観点に立った概念です。児童精神医学の分野で、特に発達障害に関して用いられる「二次障害」に該当する用語は「併存症」です。この「併存症」という意味は、複数の障害が同時に起きていることを意味しています。

註4）併存症は次の４つのグループに分類されます。
情緒障害群：不安症、気分障害、適応障害
行動障害群：反抗挑戦性障害、素行障害、反社会性人格障害
発達障害群：限局性学習障害、発達性強調運動障害
神経性習癖群：夜尿症、睡眠障害、チック症

註5）「児童生徒理解に関するチェックリスト」は、文部科学省が平成14年に実施した、「学習障害（ＬＤ）、注意欠陥／多動性障害（ＡＤＨＤ）、高機能自閉症など、通常の学級に在籍する特別な教育的支援を必要とする児童生徒に関する全国実態調査」を基に作成されたものです。

註6）「自立活動」の目的は、「…障害による学習上又は生活上の困難を主体的に改善・克服するために必要な知識、技能、態度及び習慣を養い、もって心身の調和的発達の基盤を培う」とされています。その指導内容として、「健康の保持」、「心理的な安定」、「人間関係の形成」、「環境の把握」、「身体の動き」、及び「コミュニケーション」の領域が設定されています。子どもの障害の種類や程度によって、指導内容が決められます。

註7）「DAISY教科書」は日本障害者リハビリテーション協会から提供されています。小・中学校の教科書であるなら、ほとんどの教科書が「DAISY教科書」にされています。この教科書を入手したいときは「ENJOY DAISY」のホームページにアクセスして申請することができます。申請して許可されますと、タブレット端末かパソコンでダウンロードすることができます。

註8）精神保健従事者や医師が、成人の社会的・職業的・心理的機能を評価するために用いられている1～100の数値のスケール。

註9）リタリンは、現在ではナルコレプシー（時間や場所にかかわらず突然強い眠気に襲われ、居眠りを一日に何回も繰り返してしまう病気）のみの適用となり、ADHDへの処方はできなくなっています。

参考・引用文献

＊1）日本精神医学会（2014）：DSM-5　精神疾患の診断・統計マニュアル日本語版，医学書院．
＊2）文部科学省（2012）：通常の学級に在籍する発達障害のある可能性のある特別な教育的支援を必要とする児童生徒に関する調査結果．
＊3）黒柳徹子（2006）：窓際のトットちゃん，講談社．
＊4）学級経営研究会（2000）：学級経営の充実に関する調査研究最終報告書　学級経営をめぐる問題の現状とその対応～関係者間の信頼と連携による魅力ある学級づくり，初等教育資料　8月号　臨時増刊．
＊5）村上佳津美（2017）：注意欠如・多動症（ADHD）特性の理解，心身医学，57（1），27～38．
＊6）ADHDの診断・治療方針に関する研究会（2016）：注意欠如・多動性障害―ADHD―の診断・治療ガイドライン　第4版，じほう．
＊7）吉益光一・山下洋・清原千香子・宮下和久（2006）：注意欠陥多動性障害の疫学，治療と予防，日本公衛誌，53（6），398～410．
＊8）安村明・高橋純一・福田亜矢子・中川栄一・稲垣真澄（2015）：ADHD児における実行機能の検討―干渉抑制機能の観点から―，認知神経科学，16（3・4），171～178．
＊9）国立特別支援教育総合研究所（2012）：発達障害と情緒障害の関連と教育的支援に関する研究―二次障害の予防的対応を考えるために―．
＊10）伊藤亜矢子（2010）：学級風土からみた特別支援，LD研究，19（1），10～12．
＊11）本山陽一朗（2011）：発達障害児の在籍する通常の学級における学級経営の工夫―自他を尊重する意識

を育てる合科的・関連的な指導を通して―、沖縄県立総合教育センター後期長期研修員　第49集　研究集録、1～10.
＊12）松田朱音・松崎博文（２０１０）：特別支援児が在籍する通常学級における包括的な学級支援（３）―小学校における実践例の分析から―、福島大学総合教育研究センター紀要第８号、65～72.
＊13）金彦志・細川徹（２００５）：発達障害児における社会相互作用に関する研究動向―学童期の仲間関係を中心に―、東北大学大学院教育学研究科研究年報、53（２），２３９～２５１.
＊14）国立特別支援教育総合研究所（２０１０）：小・中学校等における発達障害のある子どもへの教科教育等の支援に関する研究、平成20・21年度研究成果報告書.
＊15）梶正義・藤田継道（２００６）：通常学級に在籍するＬＤ・ＡＤＨＤ等が疑われる児童への教育的支援―通常学級担任へのコンサルテーションによる授業逸脱行動の改善―。特殊教育学研究、44，２４３～２５２.
＊16）松久眞実（２０１０）：特別支援教育を学級づくりの切り口に―あったかクラス作戦―、ＬＤ研究、19（１），13～15.
＊17）佐藤正恵・赤坂映美（２００８）：ＡＤＨＤ児の自尊感情とそれに影響を及ぼす要因について、ＬＤ研究、17（２），１４１～１５１.
＊18）シンシア・ウイッタム（２００５）：読んで学べるＡＤＨＤのペアレントトレーニング、明石書店.
＊19）トーマス・アームストロング（２０１２）：薬を飲ませる前にできるＡＤＨＤの子どもを救う50の方法、柏書房.
＊20）大久保賢一・福永顕・井上雅彦（２００７）：通常学級に在籍する他害的行動に対する行動支援―対象児に対する個別的支援と校内支援体制の構築に関する検討―、特殊教育学研究、45（１），35～48.
＊21）小野昌彦・奥田健次・柘植雅義（２００７）：行動療法を生かした支援の実際、東洋館出版社.

＊22）武田契一（２００６）：ＡＤ／ＨＤ・高機能広汎性発達障害の教育と医療、日本文化科学社．
＊23）長田洋一・都築繁幸（２０１５）：小学校通級指導教室における発達障害児の指導内容と指導形態の検討、障害児教育・福祉学研究、11，67～77．
＊24）文部科学省：初めて通級による指導を担当する教師のためのガイド、https://www.mext.go.jp/tsukyu-guide/index.html（２０２０年10月６日現在）
＊25）武蔵由佳・河村茂雄（２０１８）：通常学級における特別支援の必要な児童の支援のあり方の検討―学級集団の影響を考慮して―、教育カウンセリング研究、９（１），９～14．
＊26）上薗恒太郎・西田利紀・内野成美（２００１）：グループ・エンターカウンターとつなげた道徳授業、長崎大学教育学部紀要　教育科学　60，９～20．
＊27）村田朱音・松崎博文（２０１０）：特別支援児が在籍する通常学級における包括的な学級支援（３）、福島大学総合教育研究センター紀要８号、65～72．
＊28）豊島史子・笹山龍太郎・内山成美（２０１０）：通常学級における特別支援教育の充実に向けた学級集団づくりの実践研究、長崎大学教育実践総合センター紀要、９，２５１～２６０．
＊29）足立文代・佐田久真貴（２０１５）：ソーシャルスキルトレーニング実施が学級適応や自尊感情に及ぼす効果について、兵庫教育大学学校教育学研究、28，45～53．
＊30）藤枝静暁・相川充（２００１）：小学校における学級単位の社会的スキル訓練の効果に関する実験的検討、教育心理学研究、49，３７１～３８１．
＊31）小泉令三・若杉大輔（２００６）：多動傾向のある児童の社会的スキル教育―個別指導と学級集団指導の組み合わせを用いて―、教育心理学研究、54，５４６～５５７．
＊32）河村茂雄（２０１０）：授業づくりのゼロ段階、図書文化．

＊33）福森知宏（２０１１）：相互依存型集団随伴性が通常学級集団の適応行動に及ぼす効果―発達障害児の在籍する小規模学級における試み―、行動分析研究、25（２），95～１０８．
＊34）岩本佳代・野呂文行・園山繁樹（２０１８）：自閉症スペクトラム症児童が在籍する小学校通常学級の朝の準備場面における相互依存型集団随伴性に基づく支援の効果、障害科学研究、42，１～15．
＊35）岩本佳代・野呂文行（２０１８）：通常学級における学級全体への支援と個別支援の組合わせ―発達障害・知的障害児を含む学級全児童の学習準備行動への効果―、行動分析研究、32（２），１３８～１５２．
＊36）柳橋知佳子・佐藤慎二（２０１４）：通常学級における授業ユニバーサルデザインの有用性に関する実証的検討―小学１年生「算数科」を通した授業改善を通して―、植草学園短期大学研究紀要、15，49～56．
＊37）桂聖（２０１１）：国語授業のユニバーサルデザイン。東洋館出版社．
＊38）秋田県総合教育センター（２０１９）：Akitaractive Eye 教科編．
＊39）伊藤良子（２０１６）：インクルーシブ教育におけるユニバーサルデザインとは？、東京学芸大学教職員大学院年報、４，12～23．
＊40）藤井慶博・櫻田武（２０１６）：授業のユニバーサルデザインの効果に関する検討―小学校６年算数化の実践を通して―、ＬＤ研究、25（３），３４９～３５７．
＊41）文部科学省（２００７）：「特別支援教育支援員」を活用するために．
＊42）文部科学省（２０１８）：平成29年度特別支援教育体制整備状況調査結果について．
＊43）国立特殊教育総合研究所（２００７）：学校内組織を活かした軽度発達障害教育への実証的研究．
＊44）小松英明（２０２０）：教員補助員と進めたティーチャーズ・トレーニングの記録．
＊45）佐藤貢（２０１４）：学校経営の柱としての特別支援教育の推進～関係機関との連携とユニバーサルデザインの授業づくりを通して～、全国特別支援学級設置学校校長協会全国研究協議会青森大会資料、26～27．

＊46）上野一彦（2013）：解説　通常の学級に在籍する発達障害の可能性のある特別な教育的支援を必要とする児童生徒に関する調査結果について．ＬＤ研究、22（1），78～81．
＊47）文部科学省（2017）：発達障害を含む障害のある幼児児童生徒に対する教育支援体制整備ガイドライン～発達障害等の可能性の段階から、教育的ニーズに気付き、支え、つなぐために～．
＊48）阿部芳久（1996）：通常学級に在籍する障害の疑われる生徒に対する照会前介入、発達障害研究、18（3），225～235．
＊49）Graden,J.L.,Casey,A.,& Christenson,S.L.（1985）: Implementing a Prereferral Intervention System:Part Ⅰ.The model. Exceptional Children, 51（5），377 ～ 384.
＊50）Graden,J.L.,Casey,A.,& Bonstrom,O.（1985）：Implementing a Prereferral Intervention System:Part Ⅱ.The data. Exceptional Children, 51（6），487 ～ 496.
＊51）早坂保文（2012）：「交換授業による一部教科担任制」の導入について、仙台市立八幡小学校内部資料．
＊52）仙台市立八幡小学校仙台八幡わくわくする会（2011）：地域の一員としての自覚をもち仙台八幡を大切にする心を育む教育の実践～道徳・総合的な学習の時間をとおして～．
＊53）宮本秀雄（2011）：通常学級におけるＡＤＨＤ児の在籍が学級経営に関する困難および教師のストレスに及ぼす影響─コーディネーターからのサポート及びイラショナル・ビリーフに注目して─、ＬＤ研究、20（1），194～206．
＊54）富澤弥生・鈴木千明・氏家享子（2014）：母親が発達障害のあるこどもをほめた内容と効果、東北福祉大学特別支援教育研究室紀要、6、23～29．
＊55）高山恵子（2019）：ＡＤＨＤのためのアンガーマネージメント、講談社．
＊56）是枝佳世・小谷裕美（2006）：軽度発達障碍児に対するソーシャルスキルトレーニングの効果─社会的

コンピテンスの視点から―、ＬＤ研究，15，１６０～１７０．
＊57）麦島剛（２００６）：注意欠陥多動性障害（ＡＤＨＤ）をめぐる動向：新たな研究法の確立に向けて、福岡県立大学人間社会学部紀要、14（2），51～63．
＊58）片瀬創平・岸本桂子・海老原毅・米山明・長瀬美香・福島紀子（２０１５）：ＡＤＨＤを有する子供の親が抱える薬物治療への不安に関する質的研究．日本ファーマシューティカルコミュニケーション学会会誌，13（1），19～31．
＊59）日本小児神経学会：小児神経医がお答えします！　小児神経Ｑ＆Ａ　Ｑ69　注意欠如・多動症（ＡＤＨＤ）にはどの様な治療法がありますか？　https://www.childrenneuro.jp

おわりに

　本文中にも記しましたが、私は現在、発達障害児の教育相談に携わっています。今までは、自閉症スペクトラム障害の子どもの相談が多かったのですが、最近は少なくなってきております。それは、自閉症スペクトラム障害の子どもへの効果的な支援方法がある程度一般化されてきたことの反映ではないかと推測しています。それに対して、ＡＤＨＤ児の教育相談が多くなっているという印象を持ちます。このことは、ＡＤＨＤ児への効果的な支援方法がまだ確立されていないことを反映しているのかもしれません。あるいは、効果的な支援方法がある程度確定されているのにも関わらず一般的なものになっていないのかもしれません。

　ＡＤＨＤ児の相談において、保護者からだけでなく、小学校、中学校の先生方から直接相談を受けることもあります。保護者も学校も相談の主訴は、学級内でのＡＤＨＤ児の不適切な行動を何とか軽減できないかというものがほとんどです。依頼に応じて、対象となるＡＤＨＤ児が在籍する学級を実際に訪問し、参与観察させていただきます。そこでの授業風景が、本書を執筆しようと思い立つ契機となりました。

　ある学級では、ＡＤＨＤ児の不適切な行動は多少見られるものの（例えば、担任教師の話を聞かず、消しゴムで遊んでいる等）、全般的には、学級の他の級友と同じように授業に参加している様子を見ることができます。一方、対照的な学級では、ほとんど授業には参加できず、立ち歩きや授業を妨げる発言をしているＡＤＨＤ児を見ることもありました。

なぜこのような差が生じてしまうのか不思議でたまりませんでした。一つの要因として、対象となるＡＤＨＤ児の障害の程度や認知能力の程度に差があるのではないか、ということも考えられます。しかし、同じＡＤＨＤ児が同じ日に、同じ教室で、授業に参加できている時間と、まったく授業に参加できていない時間があるのです。授業を担当する教師が代わると、ＡＤＨＤ児の授業中における学習態度が変わってしまうのです。

学級の他の児童の学習の取り組みの状態も同様でした。ある教師が担当する授業では、学級全体がざわついていて、授業に集中できていない様子がうかがわれます。ところが次の時間に他の教師が教室に入った途端、その学級の子どもたちは、学習の準備をして教師の話を聴く姿勢をとるのでした。

ＡＤＨＤ児や学級全体の子どもたちが集中して授業に取り組めるようにするには、教育現場はどのような取り組みをしたらよいのだろう。そのことを探るために、参与観察した多くの授業を自分なりに分析してみました。また、ＡＤＨＤ児の支援に関する実践研究の文献も数多く探索してみました。そのようにしてできあがったのがこの著書です。

私は今までも知的障害や自閉症スペクトラム障害の子どもたちの教育に関する著書を上梓してきました。それらの著書は、自らの実践をベースにして書いたものです。しかし、本書は、参与観察した授業の分析、及び文献探索の結果を整理して書いたものです。そのような意味で、本著は提言するための著書です。

ですから、この著書を読まれた先生方は、この著書を参考にして、自分が担任するADHD児の支援を試行錯誤しながら実施されることを期待しています。

最後に、通常学級におけるADHD児の支援を効果的に行うために、先生方の足元にある貴重な財産を活用することをお勧めします。

その財産の一つは、校内の同僚あるいは先輩の先生で優れた「学級づくり」や「わかる授業づくり」を実践している先生の授業を見せてもらうことです。

本文中にも記しましたが、私が参与観察させてもらった授業において、ADHD児が個別的な配慮を受けながら、級友と一緒に問題なく学習に取り組めている様子を数多く見ることができました。そのような学級はほとんどもれなく、級友どうしの関係性が良好で、授業も興味関心が持てるものでした。その学級の担任教師は、「学級づくり」や「わかる授業づくり」の方法をしっかり身に付けているような印象を受けました。また、経験的にADHD児への支援の方法も学習しているような印象を受けました。

そのような「学級づくり」や「わかる授業づくり」の方法をしっかり身に付けている教師は、必ず一つの学校に何名かいると思います。ADHD児を担任されていて、指導上困難と感じている先生は、是非、優れた「学級づくり」と「わかる授業づくり」をしている教師の授業を参観することを勧めます。その教師の指導を分析すれば、そこから多くのことを学ぶことができると思います。

先生方の足元にあるもう一つの貴重な財産とは、各都道府県の教育センターから発刊される資料集です。これらの資料集には、発達障害児の特別支援教育に関するもの、通常学級の学級経営に関するもの、教科教育の指導方法に関するもの等が数多く含まれています。これらの資料集は各都道府県の教育の先達者が築き上げてきた叡智が集大成されています。

私は、通常学級に在籍するＡＤＨＤ児の支援は、「個別レベルの支援」「学級レベルの支援」及び「学校レベルの支援」を包括的に行うことが重要であると述べてきました。これらの支援の具体的方法が、各都道府県の教育センターから発刊される資料集に蓄積されています。もう一度、これらの財産を掘り起こしてみてはいかがでしょう。

最後に、本書を出版する機会を提供して下さったジアース教育新社 社長 加藤勝博さん、丁寧に編集に携わって下さった編集部長 舘野孝之さんに感謝申し上げます。

阿部芳久　略歴

東北大学大学院教育学研究科修士課程修了（心身欠陥学専攻）
宮城県立光明養護学校に勤務（教諭）
仙台市立荒町小学校に勤務（教諭、自閉症児の特別支援学級担任）
東北福祉大学
（東北福祉大学在任中）
　社会福祉学科長　特別支援教育研究センター長
現在　東北福祉大学名誉教授
　ＮＰＯ法人ひよこ会理事　発達支援ひろがりネット顧問

著書

『入門　障害児教育の授業』（日本文化科学社）
『障害児教育　授業の設計』（日本文化科学社）
『知的障害児の特別支援教育入門』（日本文化科学社）
『知的障害を伴う自閉児の特別支援教育』（日本文化科学社）
『障害者排除の論理を超えて―津久井やまゆり園殺傷事件の深層を探る―』（批評社）
児童文学『はちみつレモンでバトンタッチ』（中央法規）
詩集『奇異雑譚』（書肆山田）

通常学級における ADHD児が 集中できる授業 集中できない授業

—ADHD児支援の基礎・基本—

2021年11月1日　第1版第1刷発行
2023年9月14日　第1版第2刷発行

著　作　阿部《あべ》 芳久《よしひさ》
発行人　加藤 勝博
発行所　株式会社ジアース教育新社
〒101-0054　東京都千代田区神田錦町1-23　宗保第2ビル
TEL：03-5282-7183　FAX：03-5282-7892
URL：https://www.kyoikushinsha.co.jp/

表紙デザイン・DTP・イラスト　土屋図形株式会社
印刷・製本　株式会社日本制作センター
Printed in Japan
ISBN 978-4-86371-602-5
○定価はカバーに表示してあります。
○乱丁・落丁はお取り替えいたします。（禁無断転載）